GÜNTER HUTH

Der Schoppenfetzer und der Messweinfluch

Die Fälle des Erich Rottmann

Erster Fall	Der Schoppenfetzer und die Silvanerleiche
Zweiter Fall	Der Schoppenfetzer und der Tod des Nachtwächters
Dritter Fall	Der Schoppenfetzer und das Rotweingrab
Vierter Fall	Der Schoppenfetzer und das Riesling-Attentat
Fünfter Fall	Der Schoppenfetzer und der Henkerswein
Sechster Fall	Der Schoppenfetzer und der Messweinfluch

GÜNTER HUTH wurde 1949 in Würzburg geboren und lebt seitdem in seiner Geburtsstadt. Er kann sich nicht vorstellen, in einer anderen Stadt zu leben. Von Beruf ist er Rechtspfleger (Fachjurist). Günter Huth ist verheiratet und hat drei Kinder.
Seit 1975 schreibt er in erster Linie Kinder- und Jugendbücher sowie Sachbücher aus dem Hunde- und Jagdbereich (rund 50 Bücher). Außerdem veröffentlichte er zahlreiche Kurzerzählungen. In den letzten Jahren hat sich Günter Huth vermehrt dem Genre »Krimi« zugewandt und in diesem Zusammenhang bereits einige Kriminalerzählungen veröffentlicht. Der Autor ist Mitglied der Kriminalschriftstellervereinigung *Das Syndikat.*
2003 war ihm die Idee für einen Würzburger Regionalkrimi gekommen: „Der Schoppenfetzer" war geboren.

Die Handlung und die handelnden Personen dieses Romans sind frei erfunden. Jede Ähnlichkeit mit toten oder lebenden Personen oder Persönlichkeiten des öffentlichen Lebens ist nicht beabsichtigt und wäre rein zufällig.

GÜNTER HUTH

Der Schoppenfetzer und der Messweinfluch

Die skurrilen
Kriminalfälle
des Würzburger
Weingenießers
Erich Rottmann

Buchverlag Peter Hellmund

Für meinen Freund
Erich Rottmann
(den echten)

Der unscheinbar wirkende Mann im schwarzen Anzug stand am Fenster des großen unbeleuchteten Raumes. Er hatte die dichten Vorhänge, die vor den hohen Fensternischen des Bischofspalais hingen und eine absolute Abdunklung des Arbeitszimmers ermöglichten, einen kleinen Spalt auseinandergeschoben und blickte hinaus auf die lichtlose Stadt am Main. Die Dächer der umliegenden Häuser schimmerten im fahlen Schein des zunehmenden Mondes. Er blickte nach oben. Die hinteren Türme des Kiliansdoms hoben sich schwach wie zwei mahnende Finger gegen den Nachthimmel ab.

Seine Exzellenz Matthias Ehrenfried, Bischof von Würzburg, trat von der Fensternische zurück und schloss die Vorhänge wieder korrekt. Dann ging er zu seinem Schreibtisch und knipste die kleine Stehlampe an.

Der Lichtschein fiel auf das hagere Gesicht eines jungen Mannes, der auf einem Stuhl vor dem mit Papieren überhäuften Arbeitsplatz des Oberhirten saß. Er trug zwar die einfache Kleidung eines Arbeiters, aber ein Blick auf seine Hände verriet, dass er sein Brot nicht mit harter Arbeit verdienen musste.

Der Bischof sah den jungen Mann durchdringend an. „Konstantin, Sie wissen, was zu tun ist.“ Es war eine Feststellung und keine Frage.

Der Mann öffnete den Mund, um etwas zu entgegnen, doch der Bischof hob die Hand. „Einzelheiten will ich nicht wissen. Ich rechne jeden Tag damit, dass mich die Nazis verhaften und verhören. Was ich nicht weiß, kann ich auch nicht verraten. Die Vernehmungsmethoden dieser Verbrecher sind ja bekannt.“ Langsam ließ er sich auf seinem Sessel nieder, dann sagte er mit

Bitterkeit in der Stimme: „Wir leben in einer Zeit, in der die Gottlosen die Macht an sich gerissen haben. Da ist es schwer, die Interessen unserer Kirche zu wahren. Leider macht dies auch solche lebensgefährliche Aktionen notwendig. – Es werden hoffentlich auch wieder andere Zeiten kommen."

Konstantin Brockmann nickte leicht. Obwohl er noch sehr jung war, hatte ihn Bischof Ehrenfried vor zwei Jahren als Sekretär zu sich ins Ordinariat berufen. Er besaß das volle Vertrauen des Oberhirten.

„Wann geht es los?"

„Wir fahren kurz vor Mitternacht, Exzellenz."

„Das Fahrzeug?"

„Ein Kleinlaster. Ein alter Holzvergaser aus den Beständen der Würzburger Stadtverwaltung. Der Mann, der mir das Fahrzeug zur Verfügung stellt, ist ein loyaler Christ aus der Dompfarrei. Ich habe ihm klargemacht, dass es besser ist, wenn er keine Ahnung hat, wofür ich den Laster benötige. Wenn ich das Fahrzeug in der Nacht zurückbringe, wird niemand Fragen stellen."

„Was machen Sie, wenn Sie unterwegs kontrolliert werden? Die Schergen der Gestapo sind überall."

„Wir transportieren eine Ladung Feuerholz für das Gemeindehaus. Dort wird am Wochenende eine Parteiversammlung stattfinden. Auf der Strecke hatten wir Probleme mit dem Holzvergaser, deshalb sind wir in die Nacht geraten."

Bischof Ehrenfried erhob sich und wanderte unruhig durch sein Arbeitszimmer. Sein Sekretär verfolgte die leicht gebeugte Gestalt des Oberhirten mit den Augen.

Er bewunderte den Mann, der sich in dieser schweren Zeit ohne Rücksicht auf seine eigene Unversehrtheit laut hörbar und kompromisslos gegen die Vertreter der Naziherrschaft in Würzburg stellte.

„Lieber Konstantin, ich danke Ihnen und Ihrem Begleiter für Ihren Mut und Ihre Opferbereitschaft. Wahrscheinlich wird nie jemand erfahren, welche Gefahren Sie heute für unsere Kirche auf sich nehmen.“ Er trat einen Schritt näher. „Ich möchte Sie segnen.“

Langsam erhob sich der Sekretär vom Stuhl und kniete sich nieder. Der Bischof legte ihm beide Hände auf den Kopf und sprach die Segensworte, dann schlug er über dem Scheitel des Mannes das Kreuzzeichen. „Geh mit Gottes Segen, mein Sohn.“

Konstantin Brockmann griff nach der Hand seines Bischofs und küsste dessen Ring, dann erhob er sich und verließ wortlos das Büro.

Als er auf dem Flur stand, blieb er kurz stehen und überlegte. Schließlich fasste er einen Entschluss und betrat sein Arbeitszimmer, das sich nur einige Türen weiter befand. Er setzte sich an seinen Schreibtisch und holte ein Blatt Papier aus der Schublade. Wegen der schlechten Qualität des Papiers schrieb er nicht mit Tinte, sondern mit einem Bleistift. Jedes Wort wollte gut überlegt sein.

Als er fertig war, las er den Text noch einmal durch, dann setzte er das Datum und seine Unterschrift darunter. Er faltete das Blatt, steckte es in einen grauen Umschlag und klebte ihn zu. Nach kurzem Überlegen schob er das Briefkuvert unter die lederne Schreibunterlage seines Schreibtisches.

Wenig später passierte ein junger Mann in Arbeitskleidung einen Nebenausgang des Bischofspalais. Er blickte vorsichtig um sich und eilte dann in Richtung Dom davon.

Die beiden Gestapo-Männer in dem schwarzen Mercedes, die gerade ihren Dienst vor dem Haupteingang des Bischofssitzes versahen, konnten ihn nicht sehen. Ihre Aufmerksamkeit galt den Aktivitäten des Oberhirten. Schon seit Wochen wurde er rund um die Uhr überwacht. Sobald sich Bischof Ehrenfried außer Haus begab, folgten sie ihm zu Fuß oder im Wagen. Ehrenfried war als gefährlich eingestuft. Bis jetzt hatte man ihn nur verschont, weil seine Verhaftung eine Sturmwelle der Empörung unter der Bevölkerung ausgelöst hätte. Eine derartige Unruhe konnte man im Augenblick nicht brauchen.

Eine Dreiviertelstunde später verließ ein klappriger Kleinlaster, der mit gesägtem Brennholz beladen war, Würzburg. Im Fahrzeug saßen zwei Männer.

Die Ladung war mit Stricken gut befestigt, so dass nichts herunterfallen konnte. Aus dem Holzvergaser, der wie ein überdimensionaler Topf hinter dem Führerhaus des Fahrzeugs angebaut war, quollen dicke Rauchwolken. Wegen der Verdunkelungsvorschriften waren die Lampen des Fahrzeugs durch Pappscheiben bis auf jeweils einen schmalen Schlitz zugeklebt. Entsprechend dürftig war die Sicht. Die Geschwindigkeit musste den Verhältnissen angepasst werden.

Konstantin Brockmann und sein Fahrer, ein spätberufener Student aus dem Priesterseminar, unterhielten sich nicht. Zu stark war ihre Anspannung. Beide waren sich des Risikos bewusst, das sie bei dem Unternehmen eingingen. Wenn sie bei dieser nächtlichen Aktion erwischt würden, wären sie unweigerlich ein Fall für die Gestapo. Da würde ihnen auch der Bischof nicht helfen können.

Mit zusammengekniffenen Mienen starrten die beiden auf die Straße, die außerhalb Würzburgs immer schlechter wurde.

Einige Zeit später erreichten sie ihr Ziel. Das laute Motorengeräusch des Holzvergasers schallte laut von den Häuserwänden des Dorfes wider.

Schließlich lenkte der Fahrer den Laster in den Hof eines Anwesens in der Ortsmitte nahe der Kirche. Die beiden stiegen aus und begannen sofort damit, die Verschnürung der Ladung zu lösen. Licht benötigten sie dabei nicht. Ihre Augen hatten sich längst an die Dunkelheit gewöhnt.

Fast geräuschlos tauchten aus dem im Nachtschatten verborgenen Eingang des Hauses zwei junge Männer auf. Wortlos nickten sie den beiden Neuankömmlingen zu, dann legten sie mit Hand an. Jetzt begann der schwierige Teil der Mission.

Es dauerte einige Zeit, bis die eigentliche Ladung sicher vor dem Zugriff Unbefugter versteckt war. Danach reinigten die vier Männer an einem Brunnentrog gründlich ihre Hände und ihre lehmverdreckten Schuhe.

Als die beiden Würzburger wieder zum Aufbruch bereit waren, sah der Sekretär des Bischofs seine drei Helfer eindringlich an: „Schwört mir in die Hand, dass ihr das Versteck niemals wieder betreten oder an eine dritte Person verraten werdet. Nur der Bischof allein ist berechtigt, die Öffnung des Verstecks anzuordnen." Flüsternd leisteten die vier den Schwur.

Die beiden Männer aus dem Dorf versuchten die Boten des Bischofs zu überreden, über Nacht zu bleiben und erst nach Tagesanbruch zurückzufahren. Der Sekretär und sein Fahrer lehnten jedoch ab. Sie mussten den Transporter wieder abgeben. Eine knappe Stunde später war das Gefährt mit beiden Insassen wieder auf dem Rückweg nach Würzburg.

Die beiden Helfer sahen dem Gefährt mit sorgenvollen Blicken hinterher.

Der Kleinlaster war etwa eine halbe Stunde unterwegs, als der Fahrer anhielt. „Ich muss Holz nachlegen", erklärte er knapp. Er stieg aus, um den Holzvergaser wieder mit Holzscheiten zu füttern, die sie auf der Ladefläche mitführten. Mit einem Satz war er auf der Ladefläche und öffnete das Feuerloch des Vergasers.

Plötzlich stach das Licht einer Taschenlampe durch die Nacht und sprang zwischen den beiden Männern am Auto hin und her. Trotz der Blendwirkung konnte der Fahrer drei dunkle Gestalten erkennen, die wie aus dem Nichts zwischen den Bäumen erschienen waren. Die Männer trugen Uniformen und hielten Maschinenpistolen in den Händen.

Soldaten!, fuhr es dem Fahrer durch den Kopf. Jetzt wurde es ernst!

Konstantin Brockmann warf einen Blick auf die Kragenspiegel der Uniformen. SS-Runen! Oh Gott, steh uns bei, dachte er. Todesangst ergriff ihn und trieb ihm kalten Schweiß auf die Stirn.

„Los, aussteigen und am Fahrzeug antreten!“, brüllte der Anführer, seinen Abzeichen nach ein Unterscharführer.

Die beiden wussten, dass es keinen Sinn hatte, sich zu weigern. Der Fahrer schloss das Feuerloch des Holzvergasers und sprang mit erhobenen Händen von der Ladefläche. Konstantin öffnete vorsichtig die Wagentür und stieg aus. Die Waffen der drei SS-Männer verfolgten jede ihrer Bewegungen.

„Papiere!“, schnauzte der Unterscharführer Konstantin an und hielt ihm auffordernd die Hand hin.

„Wir …, wir haben keine Papiere dabei“, entgegnete Konstantin heiser. Sie hatten absichtlich keine Ausweispapiere mitgenommen. Ihre Identität durfte auf keinen Fall herauskommen.

„So, so, keine Papiere dabei“, wiederholte der SS-Mann die Worte des Priesters mit zynischem Unterton. Seinen Männern befahl er: „Los, Wagen durchsuchen! – Ich glaube, da haben wir zwei dreckige Feiglinge erwischt! Deserteure! Vaterlandsverräter!“

Einer der Soldaten riss die Wagentür auf und leuchtete ins Innere. „Nichts!“, erklärte er.

„Bewegt euch!“, kommandierte der Anführer der Gruppe und gab mit der Mündung seiner Waffe die Richtung an.

„Geht da rüber! Mit Geschmeiß wie euch machen wir kurzen Prozess!“

Er trat einen Schritt näher und rammte dem Fahrer den Lauf seiner Maschinenpistole in die Seite. Der Atem des SS-Mannes stank beißend nach Alkohol.

Brockmann und seinem Begleiter wurde mit schrecklicher Gewissheit klar, dass ihr Leben hier enden würde.

„Lass uns beten“, murmelte Konstantin leise und faltete die Hände. Der Fahrer tat ihm gleich. Ohne Widerstand zu leisten, gingen sie zum Rand der Waldstraße. Ehe sie zum Stehen kamen, fuhren ihnen die Salven aus zwei Maschinenpistolen in den Rücken. Tödlich getroffen brachen beide zusammen.

„Was machen wir mit ihnen?“, wollte einer der SS-Männer wissen.

Der Unterscharführer zuckte mit den Schultern. „Die Füchse werden sich freuen.“ Er zog das Magazin aus seiner Maschinenpistole und ersetzte es durch ein volles. „Hauptsache, wir haben den Laster.“

Die drei setzten sich in das Fahrzeug und fuhren in Richtung Würzburg davon.

Das Schicksal hatte es gewollt, dass den SS-Leuten, die ebenfalls auf dem Weg nach Würzburg gewesen waren, das Benzin ausgegangen war. Sie hatten ihren Kübelwagen im Wald stehen lassen müssen und sich schon fluchend damit abgefunden, zu Fuß weiterzumarschieren, als sie den Holzvergaser kommen hörten. Der Rest war kein Problem gewesen.

Die beiden Ermordeten hatten ihr Geheimnis im wahrsten Sinne mit in den Tod genommen. Zwei Tage später wurden ihre Leichen von einem alten Waldarbeiter gefunden. Er holte zwei Bauern, und man brachte die erschossenen Männer in den Ort zurück. Mangels einer Leichenhalle wurden die beiden

Toten zunächst in einer Scheune untergebracht und am Tag darauf in aller Stille auf dem Friedhof beigesetzt.

Die Nachricht von dem Leichenfund ging wie ein Lauffeuer durch den Ort. So erfuhren auch die beiden nächtlichen Helfer von den Morden. Sie wussten, um wen es sich bei den Erschossenen handelte. Deren grausamer Tod würde die beiden Männer aus dem Ort ein Leben lang nicht mehr loslassen.

Am Abend feierte der Würzburger Bischof in seiner Hauskapelle für die beiden Opfer des Naziterrors eine Messe.

***

Gotthilf Weißhügel aus Gramschatz, einem kleinen Ort nördlich von Würzburg, lag zuhause in seinem Bett und rang seit Tagen mit dem Tod. Auch mit seinen sechsundachtzig Jahren war Gotthilf bis vor wenigen Tagen noch kerngesund gewesen. Die Ärzte hatten an ihm nicht viel verdient. Darum hatte es auch alle im Dorf sehr verwundert, als seit Anfang der Woche die Kunde umherging, dass der Weißhügel aus der Seestraße schwerkrank im Bett liege.

Auch der aus dem Nachbarort Rimpar geholte Arzt konnte nicht verstehen, dass der rüstige Gramschatzer plötzlich seiner Dienste bedurfte. Gewiss, der starrsinnige Alte hatte in der letzten Zeit eine massive Erkältung gehabt und natürlich nichts dagegen getan. Aber das konnte nach Ansicht des Mediziners nicht der Grund sein, dass der zähe Bauer jetzt auf dem Sterbebett lag.

Obwohl der Doktor alles in seinen Kräften Stehende getan hatte, um Gotthilf wieder auf die Beine zu bekommen, ging es dem Patienten von Tag zu Tag schlechter. Eine Einweisung ins Krankenhaus hatte der alte Starrkopf strikt abgelehnt.

Ohne dass die Ursache für diese plötzliche Erkrankung zu erkennen war, hatte der Patient zu seiner Erkältung eine ungewöhnlich aggressive Lungenentzündung bekommen, die ihn trotz hoher Medikamentendosis so schwächte, dass er nicht mehr zu retten war. Nun ging es deutlich dem Ende entgegen.

Der Hausarzt sah jeden Tag zweimal nach seinem Patienten. Dr. Matern stand am Krankenlager, fühlte den Puls und schaute mit ernster Miene auf den schwer atmenden Mann herunter.

„Hat er's nicht bald überstanden?" Diese Frage stellten die Enkel von Gotthilf Weißhügel dem Arzt seit Tagen. Sie konnten den langen Todeskampf ihres Großvaters nicht mehr ertragen. Gotthilfs Frau war bereits seit sieben Jahren tot. Sein einziger Sohn und seine Schwiegertochter waren Jahre vorher bei einem Autounfall ums Leben gekommen, so dass seine vier mittlerweile erwachsenen Enkelkinder eine Zeitlang bei ihm aufgewachsen waren. Jetzt hatten sich die drei jungen Männer und die junge Frau am Sterbebett ihres Großvaters versammelt.

Dr. Matern zuckte nur mit den Schultern. „Nach menschlichem Ermessen müsste es schon lange zu Ende sein, so schwach und hinfällig, wie er beieinander ist. Euer Großvater hat allerdings ein starkes Herz, das nicht so schnell aufgibt. Helfen kann ich ihm nicht mehr. Ich kann ihm nur das Sterben etwas erleichtern“, sagte er leise. „Ich habe ihm wieder eine Spritze gegeben. Schmerzen hat er sicher keine.“

Hier war für ihn als Arzt wieder einmal der Punkt erreicht, an dem die Möglichkeiten der Medizin erschöpft waren. Ein Umstand, den er immer nur schwer akzeptieren konnte.

Wenig später verließ Dr. Matern das Haus. Draußen wanderte sein Blick zum Himmel. Die dunklen Wolken kündigten ein Gewitter an. Er setzte sich ins Auto und fuhr davon. Es war später Nachmittag, und er musste noch eine Reihe anderer Patienten besuchen. Er hoffte nur, dass es Gotthilf Weißhügel bald überstanden hatte.

Aus medizinischem Interesse wollte der Arzt gern wissen, was die Ursache für den ungewöhnlich schnellen und schweren Verlauf der Krankheit war. Er fasste an die Brusttasche seines Jacketts. Obwohl es sicher nicht korrekt war, hatte er eine Probe des Auswurfs, den der Kranke während seiner Hustenanfälle aussonderte, in ein Reagenzglas gegeben. Ein Studienkollege von ihm, Rechtsmediziner in Würzburg, würde ihm sicher den Gefallen tun und die Probe untersuchen lassen. Dr. Matern wollte einfach wissen, was dahintersteckte.

Veronika, die Enkeltochter, wischte dem Großvater mit einem feuchten Waschlappen den fiebrigen Schweiß von der Stirn. Ihre Brüder standen hilflos in der Ecke des Raumes zusammen. Sie wussten nicht, was sie tun sollten. Mit Sterbenden hatten sie keine Erfahrung.

Der Großvater war immer ein strenger, disziplinierter Mann gewesen. Der Tod seiner Frau und der Unfalltod seines Sohnes und seiner Schwiegertochter hatten dem alten Weißhügel allerdings einen Knacks verpasst, von dem er sich niemals so richtig erholt hatte.

Gotthilf Weißhügel, der zeit seines Lebens keinen Urlaub gekannt hatte, hatte sich in seiner Wohnstube in den Sessel gesetzt und war in Tatenlosigkeit verfallen. Mit Sorge hatten die Enkelkinder beobachtet, wie er immer schwermütiger wurde. Ihm fehlte die Arbeit auf dem Feld unter Gottes freiem Himmel. Aber das war es nicht allein. Da gab es noch etwas, das den alten Bauern ins Grübeln brachte: ein Ereignis aus der Vergangenheit, das nun, da er keiner ablenkenden Beschäftigung mehr nachging, aus der Versenkung aufgetaucht war und seine Gedanken gefangen nahm.

Auf die vorsichtigen Fragen seiner Enkeltochter Veronika, der gegenüber er immer offen gewesen war, antwortete er nur mit einem unwilligen Knurren.

Jetzt lag er da, bleich, schwer atmend, die Augen geschlossen, und näherte sich unaufhörlich der Pforte, die in eine andere Welt hinüberführte.

Veronika tauchte den Waschlappen in eine Schüssel mit Wasser und wrang ihn aus. Dann legte sie ihn erneut auf die heiße Stirn ihres Großvaters.

Plötzlich öffnete der Alte unerwartet die Augen. Er betrachtete einen Augenblick die Zimmerdecke über sich, dann wanderte sein Blick langsam zu seiner Enkelin. Mit Verwunderung stellte die junge Frau fest, dass er sie offenbar erkannte. Veronika hatte den Eindruck, dass er etwas sagen wollte. Sie beugte sich nach vorn und näherte ihr Ohr seinem Mund.

„Pfarrer", drang es wie ein schwacher Hauch an ihr Trommelfell.

Die drei Enkelsöhne traten leise näher.

„Pfarrer", wiederholte der alte Mann erneut. Diesmal war seine Stimme vernehmlicher. Er aktivierte seine letzten Kräfte, um seinen Wunsch zu artikulieren. „Fähr…, Fährbrück …"

Veronika sah ihre Brüder an, dann versicherte sie sich leise. „Du möchtest unseren Pater aus dem Kloster Fährbrück?"

Da Gramschatz schon lange keinen eigenen Pfarrer mehr besaß, wurde es seelsorgerisch von den Patres des naheliegenden Augustinerklosters mitbetreut.

„Pater … Leopold", keuchte der Alte, dann schloss er erschöpft die Augen. Sein Atem ging rasselnd. Für einen Augenblick sah es so aus, als hätte ihm diese Kraftanstrengung die letzten Reserven geraubt. Doch dann öffnete er die Augen wieder und sah seine Enkelin bittend an.

„Georg", übernahm Veronika einmal mehr die Initiative, „fahr hinüber nach Fährbrück. Ich habe zwar von einem Pater Leopold noch nichts gehört, aber vielleicht ist das ein neuer Pater, den wir noch nicht kennen. Einem Sterbenden werden die Patres wohl den letzten Wunsch nicht versagen."

„Ich weiß auch nichts von einem Pater Leopold", stellte Rainer, der Zweitgeborene, mit gesenkter Stimme fest. „Vielleicht sind das nur die Wahnvorstellungen eines Sterbenden. Für uns hier ist doch Pater Konrad zuständig. Ist doch wahrscheinlich auch egal. Bestimmt merkt er gar nicht mehr, wer an seinem Bett steht."

Veronika, die sich gegenüber ihren Brüdern schon immer als die Stärkere gezeigt hatte, schüttelte energisch den Kopf.

„Vielleicht bringt Großvater tatsächlich etwas durcheinander. Aber egal, wenn er diesen Pater Leopold vom Kloster haben will, dann soll er ihn bekommen! Zumindest müssen wir es probieren.“ Sie gab ihrem Bruder Georg einen Wink.

Georg, der Jüngste, erhob sich wortlos und verließ den Raum. Er war dankbar für diesen Auftrag, kam er dadurch doch für einige Zeit aus dieser bedrückenden Atmosphäre heraus, die in dem Sterbehaus herrschte. Er war froh, endlich etwas tun zu können, und musste nicht hilflos mit ansehen, wie das Lebenslicht seines Großvaters langsam verlosch.

Draußen war es mittlerweile Nacht geworden. Hastig stieg der junge Mann in seinen kleinen Sportwagen und fuhr eilig vom Hof. Hoffentlich konnte er den Auftrag noch rechtzeitig vor dem Tod seines Großvaters erfüllen.

Das kleine Augustinerkloster Fährbrück lag nur wenige Kilometer von Gramschatz entfernt und war von einem Ortskundigen über betonierte Feldwege schnell zu erreichen.

Georg fuhr vor die Pforte des Klosters und klingelte. Er musste dies noch zweimal wiederholen, ehe sich hinter der Tür endlich etwas tat. Im Türspalt erschien das Gesicht eines grauhaarigen Mannes. Er trug eine schlichte Ordenskutte, ansonsten gab es keinerlei Hinweise darauf, dass er der Prior der kleinen Mönchsgemeinschaft war.

„Was in Gottes Namen gibt es denn um diese Tageszeit so Eiliges, dass man nicht einmal in Ruhe ein Gebet zu Ende sprechen kann?“, fragte der Pater und sah den jungen Burschen verwundert an. Trotz der Störung wirkte er nicht ungehalten, eher neugierig. Es kam nur selten vor, dass jemand um diese Uhrzeit an der Klosterpforte vorsprach.

Hastig sprudelte der junge Mann sein Anliegen hervor. Der Pater hatte einige Mühe, seinen Worten zu folgen. Als Georg schließlich den Wunsch seines Großvaters vortrug, Pater Leopold sprechen zu wollen, runzelte der Prior erstaunt die Stirn.

„Pater Leopold lebt nicht hier im Kloster", erklärte der Augustiner knapp. Er wollte sich schon umdrehen und Georg stehen lassen, als dieser ihm die Hand auf die Schulter legte. „Es gibt diesen Pater Leopold also? Bitte, können Sie mir nicht sagen, wie ich ihn erreichen kann? Es geht doch um den letzten Willen eines Sterbenden."

Der Prior zögerte, schließlich entgegnete er: „Es gibt Pater Leopold tatsächlich. Woher dein Großvater allerdings weiß, dass er wieder in Deutschland ist, ist mir ein Rätsel. Leopold ist erst vor zwei Wochen aus Afrika zurückgekehrt. Er war dort ein halbes Leben lang für uns in der Mission tätig. Bruder Leopold ist aus gesundheitlichen Gründen zurückgekehrt."

„Kann ich Pater Leopold bitte sprechen?"

Der Prior zögerte einen Augenblick. Die nächsten Sätze kosteten ihm offensichtlich eine gewisse Überwindung.

„Keiner von uns kennt die tieferen Gründe, aber er hat den ungewöhnlichen Entschluss geäußert, seine ihm noch verbleibende Lebenszeit nicht im Kloster verbringen zu wollen. Er bat mich, ihm zu gestatten, seinen Lebensabend in Abgeschiedenheit als Eremit verbringen zu können. In Anbetracht seiner angegriffenen Gesundheit habe ich es ihm gestattet, obwohl dies eigentlich gegen unsere Ordensregeln verstößt. Er lebt jetzt in einer Hütte in den Weinbergen von Retzstadt."

Der Prior sah den späten Besucher zweifelnd an. „Ich weiß nicht, ob Leopold bereit ist, deinem Großvater diesen letzten Wunsch zu erfüllen. Für Gramschatz ist ja Pater Konrad als Seelsorger zuständig. Es wäre kein Problem, ihn zu schicken."

Georg schüttelte energisch den Kopf. „Großvater hat ausdrücklich nach Pater Leopold verlangt!"

Der Prior seufzte, dann sagte er: „Warte einen Augenblick, mein Sohn, ich werde dir eine Wegbeschreibung mitgeben."

Georg blieb im Vorraum stehen, während der Pater in einem Zimmer verschwand. Nervös kaute er an seinen Fingernägeln. Retzstadt war die Nachbargemeinde von Gramschatz. Wenn er Feldwege benutzte, konnte er in kurzer Zeit dort sein.

Es dauerte wirklich nur einen Moment, bis der Prior zurückkam. „Hier. Ich hoffe, dass du Bruder Leopold überzeugen kannst."

Georg bedankte sich knapp, dann war er schon wieder draußen. Er warf einen Blick auf den Zettel und war sich sicher, die beschriebene Hütte zu kennen.

Eine Minute später raste das Auto wieder durch die Nacht. Der Motor des Wagens heulte, als der junge Mann wenig später die gewundenen Weinbergswege hinaufjagte. Es dauerte nur wenige Minuten, dann kam er in einer Staubwolke vor der Hütte zum Stehen. Es handelte sich tatsächlich um das alte Weinbergshaus, das er in Erinnerung hatte.

Georg sprang aus dem Wagen und klopfte laut an die Tür. Durch die Ritzen der geschlossenen Fensterläden erkannte er einen leichten Lichtschimmer. Es musste also jemand da sein.

Es dauerte einen Moment, bis die Tür knarrend geöffnet wurde. Der Mann, der von einem schwachen Lichtschein umgeben im Türrahmen erschien, war alt. Er hatte eine schlanke, hochaufgerichtete Gestalt. Sein Gesicht war hager und von einem grauen Mehrtagesbart bedeckt. Trotzdem waren die zahlreichen tiefen Falten zu sehen, die sein Gesicht wie Furchen durchzogen. Seine Augen wirkten in der Dunkelheit fast schwarz. Sie fixierten den späten Besucher mit einer Direktheit, die den jungen Mann erschaudern ließ.

„Ja?" Dieses eine Wort klang so abweisend, dass Georg am liebsten wieder umgekehrt wäre. Dann riss er sich zusammen. Es ging um den letzten Wunsch seines Großvaters und nicht um seine Gefühle.

„Pater Leopold?“

Wieder ein knappes „Ja“.

Hastig trug Georg nun sein Anliegen vor. Der Mönch ließ ihn dabei keine Sekunde aus den Augen. Seine Miene war unbeweglich und abweisend. Als der junge Mann dann jedoch den Namen seines Großvaters nannte, verwandelte sich die abweisende Miene des Paters schlagartig. Die Strenge wich Erstaunen.

„Der alte Gotthilf lebt noch“, stellte er versonnen fest. Man konnte sehen, dass die Gedanken des Priesters in die Vergangenheit schweiften.

Georg nahm sich nicht die Zeit, darüber nachzudenken, dass der Pater seinen Großvater offenbar kannte.

„Das ist ja das Problem“, fuhr er hastig fort. „Wenn wir uns nicht beeilen, ist er tot, bevor wir zu ihm kommen.“

Der Pater riss sich sichtlich aus seinen Gedanken. „Warte einen Moment“, befahl er knapp, dann drehte er sich um und ging eilig in die Hütte hinein. Im Inneren brannte eine Gaslampe, die den Raum schummrig beleuchtete. Georg sah, dass der Pater grobe Arbeitskleidung trug. Er hatte so gar nichts von einem Priester. Aber das spielte keine Rolle. Er war offensichtlich der Mann, nach dem der Großvater verlangt hatte.

Der alte Pater griff sich eine kleine Tasche von einem Regal, dann löschte er das Licht und kam wieder heraus.

„Gehen wir. Dein Großvater und ich kennen uns aus längst vergangenen Zeiten. Wir haben zusammen die Schulbank gedrückt und waren lange gute Freunde. Bis … bis uns das Leben verschiedene Wege gehen ließ. Ich werde ihm seinen letzten Wunsch natürlich nicht abschlagen.“

Georg öffnete die Beifahrertür des niedrigen Sportwagens. Der Pater stieg ohne Probleme ein. Der junge Bursche wunderte sich. Der Priester war alt, vielleicht älter als der Sterbende, zu dem er jetzt unterwegs war, trotzdem bewegte er sich fast geschmeidig. Von der Gebrechlichkeit, von der der Prior gesprochen hatte, war nichts zu bemerken.

Georg schob diese Gedanken beiseite. Dafür war jetzt keine Zeit. Wenig später sauste das Fahrzeug wieder durch die Nacht.

„Großvater … Großvater, Pater Leopold ist da.“ Veronika beugte sich über Gotthilf Weißhügel und versuchte, zu ihm durchzudringen. Kurz nachdem er den Wunsch nach dem Priester ausgesprochen hatte, war er wieder in einen Zustand völliger geistiger Abwesenheit verfallen.

„Lasst mich bitte mit ihm allein“, bat der Pater in einem Ton, der keinen Widerspruch duldete. Ohne Zögern folgten die Enkelkinder der Aufforderung. Sie waren religiös erzogen worden. Wenn ein Mensch mit seinem Priester sprechen wollte, geschah dies unter vier Augen.

Als er mit dem Sterbenden allein war, legte Pater Leopold ihm die kühle Hand auf die Stirn und sagte mit leiser, aber eindringlicher Stimme: „Gotthilf, alter Freund, ich bin’s, Leopold. Du hast nach mir gerufen. Ich bin hier.“ Es dauerte einen Augenblick, dann reagierte der Alte. Es schien, als würde er sich mühsam aus einer anderen Welt in die Gegenwart zurückkämpfen. Schließlich schlug Gotthilf Weißhügel langsam die Augen auf und sah den Pater mit immer klarer werdendem Blick an. Der Pater ergriff seine Hand. „Gotthilf, wenn du mir etwas sagen willst, dann tu es jetzt. Du hast nicht mehr viel Zeit. Schon bald wirst du vor deinem Schöpfer stehen.“ Seine Stimme war weiterhin sanft, aber sehr eindringlich.

Als der Sterbende Pater Leopold erkannte, versuchte er zu sprechen. Seine Stimme war aber nur noch ein leiser Hauch.

Der Priester beugte sich tief zu ihm hinunter. Dicht hielt er sein Ohr vor dessen Mund, damit er ihn verstehen konnte.

„Mess…, Messwein“, hauchte der Sterbende. „Habe Schwur ge…, gebrochen … ein Fluch … bin verflucht.“

Der alte Weißhügel aktivierte seine letzten Kräfte, um die wenigen Worte hervorzustoßen, die er sich von der Seele sprechen wollte. Eine Botschaft, die ihm so schwer auf der Seele lag, dass er deswegen nicht sterben konnte.

Leopold blieb über ihn gebeugt und nahm jedes Wort in sich auf. Die Pausen zwischen den einzelnen Worten wurden immer länger, so als würde mit den Sätzen auch die letzte Lebenskraft aus ihm herausströmen. Schließlich verstummte Gotthilf Weißhügel erschöpft und schloss die Augen. Langsam faltete der Priester die Hände und versank für einige Zeit im Gebet. Dann öffnete er seine Tasche und versah den Alten mit dem Sterbesakrament.

Kurz darauf verließ der alte Bauer mit einem letzten erlösenden Atemzug diese Welt.

Pater Leopold richtete sich langsam auf und starrte den toten Freund minutenlang an. Dann sprach er, tief in Andacht versunken, einige Gebete. Dabei musste er sich allerdings große Mühe geben, sich zu konzentrieren. Die Worte des alten Freundes hatten ihn aufgewühlt. Schließlich beugte er sich vor, schloss dem Toten die Augen und faltete ihm die Hände. Eine ganze Zeitlang saß er da und sah den Verstorbenen nur an. Die Beichte des Sterbenden, die einem Vermächtnis gleichkam, hatte die Tür zu einem Raum seiner Erinnerungen aufgestoßen, zu dem er glaubte, schon lange den Schlüssel weggeworfen zu haben. Ein Schauer lief ihm den Rücken hinunter.

Langsam erhob er sich. Mit bedächtigen Bewegungen packte er seine Utensilien in seine Tasche.

Als Pater Leopold einige Minuten danach das Sterbezimmer verließ, sahen die Enkel des Bauern den Priester fragend an.

„Geht hinein zu ihm“, sagte er ernst. „Euer Großvater hat

seine Seele erleichtert und ist vor wenigen Augenblicken vor seinen Schöpfer getreten."

Die trauernden Enkelkinder des Verstorbenen bekamen gar nicht mit, wie Pater Leopold das Haus verließ und sich zu Fuß auf den Weg zurück zu seiner Hütte nach Retzstadt machte. Es war eine ziemliche Strecke, aber diese Entfernung hatte er in Afrika oft zu Fuß zurücklegen müssen. Der Marsch würde ihm Gelegenheit geben, seine aufgewühlten Gedanken zu sammeln.

Während er durch die dunklen, verlassenen Straßen von Gramschatz in Richtung See marschierte, holte ihn die Vergangenheit mit jedem Schritt immer heftiger ein.

Vier Jahre lang hatten Gotthilf und er zusammen die gleiche Schulbank gedrückt, hatten gemeinsam Streiche ausgeheckt und genauso solidarisch die Strafen eingesteckt. Als der Krieg begann, waren sie als einzige Söhne ihrer Familien nicht eingezogen worden, weil sie ihre Bauernhöfe bewirtschaften mussten.

Beiden war damals klar gewesen, dass in dem vergrabenen Behältnis noch mehr sein musste als nur Messwein. Vermutlich hatte man auf diese Weise wertvolle Devotionalien in Sicherheit bringen wollen. Sie hatten geschworen zu schweigen und waren bereit, diesen Schwur auch zu halten. Irgendwann würde – da waren sie sich damals sicher gewesen – eine Aufforderung des Bischofs an sie herangetragen werden, bei der Hebung des Schatzes behilflich zu sein.

Als der Krieg vorüber war, hatten sie vergebens auf eine Botschaft aus dem Würzburger Ordinariat gewartet. Der Mann auf dem Bischofsstuhl war ein anderer.

Während Gotthilf in der Landwirtschaft geblieben war, hatte Leopold den väterlichen Hof verlassen. Lange Zeit hatte er sein Leben nicht in den Griff bekommen, dann schließlich aber den Weg ins Kloster gefunden.

Nach seinem Gelübde hatte er seine Berufung zum Priestertum gefühlt. Aber eine Weile nach seiner Weihe hatte ihn wieder die alte Unruhe befallen. Die Abgeschiedenheit des Klosters war ihm zu eng geworden. Lange hatte er daran gedacht, die Gemeinschaft der Brüder wieder zu verlassen. Schließlich aber hatte ihm der Ordensobere angeboten, nach Afrika in die Mission zu gehen. Das Angebot hatte er gern angenommen. Der Abstand zwischen dem Schwarzen Kontinent und Fährbrück war nicht nur von der Entfernung her gewaltig gewesen. Auch sein Geist hatte langsam in dem Maße Ruhe gefunden, wie seine Erinnerung an das traumatische Kriegserlebnis geschwunden war.

Eigentlich hatte Leopold gedacht, seine Tage in Afrika zu beenden, doch dann war er plötzlich krank geworden. Die Krankheit hatte zur Folge gehabt, dass er seine Aufgabe nicht mehr erfüllen konnte. Ein Umstand, den Leopold trotz seines ehrwürdigen Alters von fünfundachtzig Jahren lange Zeit nicht hatte akzeptieren wollen. Erst als sein Ordensoberer ihm kategorisch befohlen hatte, nach Deutschland zurückzukehren, hatte er nachgegeben. Es war schon ein merkwürdiger Zufall, dass er zu dem Zeitpunkt aus Afrika zurückgekommen war, als für seinen alten Freund Gotthilf Weißhügel die Zeit des Sterbens gekommen war. Oder war es göttliche Fügung?

Jene schicksalhafte Nacht hatte er, Leopold, jahrzehntelang erfolgreich verdrängt. Die letzten Worte des sterbenden Freundes hatten die Mauer, die er um diese Erinnerung herum aufgebaut hatte, niedergerissen, als wäre sie niemals vorhanden gewesen.

Auf Höhe des Sees blieb er stehen und ließ sich auf einer der dort stehenden Ruhebänke nieder. Die Bilder waren plötzlich wieder so frisch, als wäre alles gerade erst gestern geschehen. Der knatternde Holzvergaser, der auf den Hof des

Anwesens nahe der Kirche fuhr. Der Sekretär des Bischofs, der Helfer, dessen Namen er vergessen hatte, Gotthilf und er. Gemeinsam hatten sie die Kiste in das geheime Versteck getragen und vergraben. Der heilige Schwur! Eine Handlungsweise, die heute, aus der nüchternen Distanz betrachtet, nur mit der besonderen Mystik des damaligen Augenblicks zu erklären war.

Vor Leopolds geistigem Auge erschienen die bleichen Gesichter der beiden Toten, die man zwei Tage später, von Schüssen zerfetzt, ins Dorf gebracht hatte. Im Ort hatte es jede Menge Vermutungen und Gerüchte gegeben, warum diese beiden Männer sich im Wald bei Gramschatz aufgehalten hatten. Gotthilf und er waren sich damals darüber im Klaren gewesen, dass sie das Geheimnis nun für sich bewahren mussten.

Leopold lehnte sich zurück und starrte in den wolkenverhangenen Himmel. Nur vereinzelt blitzten ein paar Sterne auf. Dieser Himmel war so ganz anders als der in Afrika, fuhr es ihm kurz durch den Kopf, dann kehrte er in die Gegenwart zurück. Gotthilfs letzte Worte gingen ihm nicht aus dem Kopf. Der alte Freund hatte ihm anvertraut, dass er gegen den Schwur verstoßen hatte. Er hatte etwas von einer Kirchturmkugel gestammelt, dann wieder sprach er vom Ort des Geheimnisses. Leopold war sich nicht sicher, ob das Gesagte nicht teilweise dem verwirrten Sinn eines Sterbenden entsprungen war.

Der Grund für diesen Verstoß gegen den Schwur war die Sorge gewesen, dass nach Gotthilfs Tod niemand mehr von dem Versteck wissen würde und der Schatz in Vergessenheit geraten könnte.

Gotthilf hatte Leopold mit letzter Kraft eindringlich gebeten, den Bischof über das geheimnisvolle Behältnis in Gramschatzer Erde zu informieren. Bevor Gotthilf ihm allerdings sagen konnte, was sich tatsächlich in der Kiste befand, war er verstorben.

Leopold dachte an den Schwur. Hatten diese Worte noch immer Gültigkeit? Gottfried war in seiner letzten Stunde der Ansicht gewesen, dagegen verstoßen zu haben und deswegen verflucht zu sein.

Leopold hatte während seiner Zeit in Afrika erfahren, was der Glaube an Geister und Verfluchungen mit Menschen anstellen konnte. Der Pater war eher ein nüchterner Mensch. Allerdings bestand wirklich die Gefahr, dass nach seinem Tod ein wertvoller Kirchenschatz in der Erde blieb. Die Männer, die damals erschossen worden waren, hatten die Kiste nicht deshalb in Sicherheit gebracht, damit sie auf ewig verloren ging. Er dachte an seine fortschreitende Krankheit, die ihm nur noch wenig zeitlichen Spielraum ließ. Tief in seinem Inneren verspürte er die große Verantwortung. Er würde handeln müssen.

Eigentlich hatte er ganz andere Pläne gehabt für die Zeit, die ihm wohl noch verblieb. Das relativ freie Leben in der Mission hatte ihn stark geprägt. Er sah sich heute noch weniger als damals in der Lage, sich wieder in den geordneten Lebensalltag eines Klosters einzufügen. Deshalb hatte er sich auch ausgebeten, die Lebensfrist, die ihm die Krankheit noch ließ, in der Hütte in den Weinbergen als religiöser Eremit und Büßer beenden zu können.

Jetzt hatte ihn die göttliche Fügung aber offenbar dazu ausersehen, vor seinem Ableben gewisse Dinge wieder in Ordnung zu bringen.

Er drehte entschlossen um und eilte zurück in Richtung Ortskern. Er wusste jetzt, was er zu tun hatte. Nachdem ihm der Sterbende nicht mehr sagen konnte, was sich tatsächlich in der Kiste befand, wollte er sich mit eigenen Augen davon überzeugen. Er war Priester, er glaubte nicht an Flüche.

Einige Minuten später betrat Leopold erneut das Grundstück der Familie Weißhügel. In diesem Augenblick begann es zu regnen. Im Haus war flackernder Lichtschein zu erkennen. Die Enkelkinder des Verstorbenen hatten offenbar Kerzen angezündet.

Er schämte sich, dass er die Trauer der Hinterbliebenen ausnützte, um auf dem Hof unbeobachtet seine Nachforschungen zu betreiben. Immerhin hatte Gotthilf ihn dazu aufgefordert.

Er folgte der Beschreibung, die ihm der Sterbende mit seinen letzten Worten anvertraut hatte. Sein Ziel war die Scheune, die im Dunkeln wie eine schwarze, monolithische Wand vor ihm aufragte. Vorsichtig schob er den Riegel zurück, der die kleine Personenpforte im Scheunentor verschlossen hielt. Drinnen empfing ihn der unverkennbare Geruch nach Stroh und Heu.

Der Pater wartete einen Augenblick, bis sich seine Augen an die Dunkelheit gewöhnt hatten, dann tastete er sich zwischen abgestellten Landmaschinen hindurch zu einem der hinteren Holzpfeiler der Scheune.

Die kleine Taschenlampe, von der der Sterbende gesprochen hatte, lag auf einem gemauerten Sims. Sie funktionierte einwandfrei, wie der nächtliche Eindringling mit einem kurzen Druck auf den Schalter feststellen konnte.

Vorsichtig fuhr er mit den Fingern an dem Balken entlang, den ihm der alte Weißhügel beschrieben hatte, bis er einen rostigen Nagel spürte, an dem ein Bündel leerer Jutesäcke hing. Leopolds Fingerkuppen fuhren an dem Nagel entlang, bis er an der Seite im Holz einen Metallstift verspürte. Er holte sein Taschenmesser aus der Hosentasche und drückte mit der integrierten Aale hart gegen den Stift. Er musste fast seine ganze Kraft aufbieten, bis sich das Metallteil mit einem leichten Ruck nach innen bewegte. Vorn, dort wo der Nagel steckte, klappte im Stützbalken eine schmale Öffnung auf.

Der Pater griff hinein. Sein alter Schulkamerad hatte offenbar die Wahrheit gesprochen: In dem Versteck lag etwas Längliches, Hartes. Es war in Folie eingepackt. Hastig wickelte er es auf. Mit einem kurzen Aufblitzen der Taschenlampe konnte er sich davon überzeugen, dass es sich tatsächlich um einen altertümlich wirkenden Bartschlüssel handelte.

Er verschloss das Versteck wieder, dann steckte er den Schlüssel in seine Tasche. Es wurde Zeit, dass er von hier verschwand. Wie hätte er den Enkeln des Verstorbenen erklären sollen, warum er sich ohne ihr Wissen in ihrer Scheune herumtrieb? Die Taschenlampe nahm er mit.

Wie ein dunkler Schatten eilte der Pater wenig später durch die nächtlichen Gassen des kleinen Dorfes. Jetzt stand ihm der schwierigste Teil seines Vorhabens bevor.

Das Gehöft in der Nähe der Kirche, in das seinerzeit der Holzvergaser hineingefahren war, hatte er schnell gefunden. Wenn er Gotthilfs gestammelte Worte richtig verstanden hatte, dann sollte es verlassen sein. Damals hatte Gotthilf das Gehöft mitbewirtschaftet, da sich der Bauer als Soldat an der Ostfront befand. Sie hatten diesen Hof ausgesucht, weil er ein günstiges Versteck bot.

Der Pater lehnte sich an eine Hauswand und beobachtete das Gebäude mit klopfendem Herzen. Im Schein der Straßenlampe konnte er erkennen, dass der Hof ziemlich heruntergekommen war. Das Holztor hing schief in den Angeln, die Farbe war abgeblättert. Das ebenfalls ungepflegte Wohnhaus wirkte verlassen. Hinter den dunklen Fensterhöhlen waren keine Vorhänge zu erkennen.

Leopold sah prüfend die menschenleere Hauptstraße hinauf und hinunter. Der Regen war stärker geworden. Er gab sich einen Ruck und überquerte schnell die Straße. Die Pforte des Hoftors war nicht abgeschlossen. Er drückte sie mit einer hastigen Bewegung auf.

Leopold eilte in den hinteren Bereich des Anwesens, wo sich die Scheune befand. Er musste sich kurz orientieren. Wenn er sich recht erinnerte, dann lag der Kellereingang rechts neben der Scheune, wo jetzt einige Büsche zu erkennen waren. Mühsam kämpfte er sich durch das nasse Blätterwerk.

Schließlich hatte er den alten Kellereingang vor sich, den Zugang zu einem typischen Rübenkeller, wie ihn die meisten bäuerlichen Anwesen besaßen. Der Pater ließ die Taschenlampe kurz aufleuchten. Es war leicht zu erkennen, dass Teile der wuchernden Kletterpflanzen, die den Rundbogen des Eingangs einschlossen, vor noch nicht allzu langer Zeit teilweise weggerissen worden waren. Das Holz der Pforte war stark verblichen.

Der Regen wurde stärker. Pater Leopold nahm es kaum zur Kenntnis. Er wickelte den rostig angelaufenen Schlüssel aus. Mit angehaltenem Atem steckte ihn der Pater ins Schlüsselloch. Es war zwar etwas Kraftaufwand nötig, aber dann bewegte sich die Verriegelung. Das Schloss sprang auf.

Der Augustinerpater holte mehrfach tief Atem. Entschlossen drückte er schließlich die mit Grünspan besetzte Klinke herunter. Fast schien es, als würde sich die Tür dagegen wehren, ihr Geheimnis preisgeben zu müssen.

Die verrosteten Angeln quietschten leise, als er sie mit einem harten, entschlossenen Ruck öffnete. Dumpfe, feuchte Kellerluft schlug ihm entgegen. Er leuchtete mit der Taschenlampe in die schwarze Öffnung, die ihm für einen kurzen Augenblick wie der Zugang zu einer Gruft erschien.

Er riss sich zusammen und betrat vorsichtig die ausgetretenen Stufen aus Buntsandstein, auf denen sich im Laufe der Jahre eine schmierige Schicht aus Schmutz und feuchtem Schimmel gebildet hatte. Nachdem er die Tür wieder hinter sich geschlossen hatte, stieg er die Stufen zum Kellerboden hinunter, der nur aus festgestampftem Lehm bestand.

Leopold ließ den Lichtkegel kreisen. Die Erinnerung traf ihn mit der Wucht eines Schlages. Das Geschehen von damals spielte sich in allen Einzelheiten vor seinem geistigen Auge ab.

Der Pater riss sich aus seinen Erinnerungen. Klar sah er die Stelle vor sich, wo er das Gesuchte finden würde. Er trat einige Schritte in den Keller hinein und leuchtete systematisch mit der Taschenlampe den Fußboden ab. Schnell hatte er eine Unregelmäßigkeit im Kellerboden entdeckt. Hier war in jüngerer Zeit gegraben, der Boden danach wieder grob geglättet worden – die Spuren seines Freundes Gotthilf.

Er griff sich eine herumliegende verrostete Schaufel, drehte sie um und klopfte mit dem Stiel den Boden an der bewussten Stelle ab. Es klang hohl. Der Puls des alten Paters beschleunigte sich. Leopold überlegte nicht mehr lange. Jetzt wollte er sich letzte Klarheit verschaffen. Er legte die Taschenlampe auf die Treppe, setzte die Schaufel an und begann zu graben.

*

Dass sich im unterfränkischen Gramschatz merkwürdige Dinge zutrugen, war auch im entfernten München nicht unbemerkt geblieben. In den Tagen, in denen der alte Weißhügel im Sterben lag, hatte sich jemand aus dem Dorf an eine Begebenheit aus dem Vorjahr erinnert und das einem Parteifreund in der Bayerischen Staatskanzlei mitgeteilt.

Im Sommer des Jahres 2006 war nämlich der Kirchturm der Gramschatzer Kirche St. Cyriakus einer grundlegenden Renovierung unterzogen worden und hatte dazu völlig eingerüstet werden müssen. Bei den Arbeiten war auch die Kugel der Kirchturmspitze aus ihrer luftigen Höhe geholt worden. In der hohlen Kugel fand sich die Zeitkapsel, in diesem Fall ein rund vierzig Zentimeter langes, luft- und wasserdicht verschlossenes

Behältnis, in dem in früheren Zeiten Informationen für die nachfolgenden Generationen hinterlegt worden waren. Letztmals war die Zeitkugel im Jahr 1985 geöffnet worden.

Diesmal hatte eine fünfköpfige Kommission, darunter auch der Bürgermeister von Rimpar, die Kapsel geöffnet und die Botschaften aus der Vergangenheit herausgenommen.

Neben Geldscheinen, einem Dolch aus dem Dritten Reich und interessanten Schriftstücken hatten die Männer auch einen versiegelten Umschlag gefunden, ihn geöffnet und ein unscheinbares Blatt Papier, das mit einem handschriftlichen Text beschrieben war, zutage befördert.

„*An unsere Nachkommen!*
Gegen Ende des Krieges haben Konstantin Brockmann, persönlicher Sekretär des Bischofs, und eine andere treue christliche Seele unter Einsatz ihres Lebens eine Kiste mit wertvollem Messwein nach Gramschatz gebracht. Wir haben sie gemeinsam an einem absolut sicheren Ort verborgen. Dort wird sie bleiben, bis der Bischof von Würzburg wünscht, dass das Behältnis und der wertvolle Inhalt an ihren Platz zurückgeholt werden. Gott schütze uns und unser Vaterland!
Einer, der dabei war“

Keiner der Anwesenden hatte sich erklären können, wie diese Nachricht 1985 in die Kugel gekommen sein konnte. Es musste jemand gewesen sein, der seinerzeit Zugriff auf die geöffnete Kirchturmkugel hatte. Man befragte die noch lebenden Zeitzeugen, aber niemand konnte etwas dazu sagen. Der einstige Messner, der jetzt verstorbene Gotthilf Weißhügel, hatte nur mit den Schultern gezuckt – und so war die Sache wieder in Vergessenheit geraten.

Erst als der alte Weißhügel im Sterben lag, erinnerte sich einer der Beteiligten an das brisante Schriftstück, dessen Inhalt so seinen Weg nach München fand.

Erich Rottmann betrat gegen 11 Uhr den Städtischen Hauptfriedhof von Würzburg durch das schmiedeeiserne Tor am Haupteingang. Er bog sofort nach links in die erste Gräberreihe ab, um im Augenblick noch nicht von den zahlreichen Trauergästen gesehen zu werden, die sich bereits vor dem Portal der Aussegnungshalle versammelt hatten.

Es herrschte heute ein äußerst unangenehmes Wetter. Am Himmel türmten sich gewaltige Gewitterwolken. Gleichzeitig stürmte es. Zudem war es schwülheiß, und was immer man tat oder auch unterließ, man schwitzte dabei. Typisch für die Kessellage dieser Stadt. Seit Wochen schon herrschte in der mainfränkischen Metropole eine glühende Hitze, die den Asphalt in den Straßen zum Kochen und die Menschen zum Stöhnen brachte.

Öchsle, die rauhaarige, etwa spanielgroße Promenadenmischung aus dem Tierheim und seit Rottmanns Pensionierung dessen ständiger Begleiter, hielt sich dicht im Windschatten seines Herrchens. Hier war die Gefahr, von einer der heftigen Böen von den Läufen geholt zu werden, deutlich geringer.

Rottmann ging hinter einem besonders breiten Grabstein in die Hocke und streichelte seinem Hund den Kopf.

„Es tut mir leid, Öchsle, aber in die Aussegnungshalle werde ich dich nicht mitnehmen können." Die Worte wurden dem Exkommissar vom Wind von den Lippen gerissen. Aber Öchsle hatte ein ausgezeichnetes Gehör und stellte aufmerksam seine Knickohren.

„Mal sehen, ob Gustav Schlereth da ist." Rottmanns ehemaliger Kollege hatte nach seiner Pensionierung einen Minijob in der Friedhofsverwaltung angenommen, um sich seine

Rente als Sargträger aufzubessern. „Der nimmt dich bestimmt für eine halbe Stunde mit in sein Büro."

Rottmann fand absolut nichts dabei, sich mit seinem Hund zu unterhalten. Zumal er der Überzeugung war, dass Öchsle alles verstand, was er sagte.

Mittlerweile hatten sie den Hinterausgang der Aussegnungshalle erreicht.

Zwei Männer in dunklen Uniformen standen vor dem Lastenaufzug, mit dem die Särge im Gebäude transportiert wurden, und rauchten. Als Rottmann sich ihnen näherte, sah ihn einer der beiden mit gerunzelter Stirn an: „Hallo, Sie da, Hunde sind auf dem ganzen Friedhofsgelände verboten. Haben Sie das Schild am Tor nicht gesehen?"

„Weiß ich, weiß ich", gab Rottmann zurück, ohne darauf näher einzugehen. „Ist der Gustav Schlereth da?"

Der Mann betrachtete Rottmann noch immer kritisch. „Soweit ich weiß, ist er drinnen. Jeden Augenblick beginnt die nächste Aussegnung. Da hat er Dienst."

„Könnten Sie ihn trotzdem bitten, rauszukommen? Sagen Sie ihm, Erich Rottmann möchte ihn kurz sprechen."

Der Mann drückte seine Zigarette in einer zweckentfremdeten Cremedose aus, die er in der Hand hielt, und reichte sie seinem Kollegen.

„Ich kann's ja mal probieren", brummte er, dann ging er hinein.

Es dauerte nur einen Augenblick, dann kam ein magerer, zierlicher Mann aus dem Gebäude. Gustav Schlereth trug die vorgeschriebene Uniform, die ihm im Schulterbereich so etwas wie eine Statur verlieh. Schlereth hatte während seiner letzten Dienstjahre bei der Polizei in der Pforte der Polizeidirektion Dienst getan. Rottmann, ehemals Leiter der Würzburger Mordkommission, war viele Jahre lang täglich an Schlereth vorbeigegangen, wenn er seine Dienststelle betreten hatte.

„Tatsächlich, der Erich Rottmann", freute sich Schlereth und kam mit ausgestreckter Hand auf seinen ehemaligen Kollegen zu. „Was treibt dich denn zu uns?" Dann stutzte er. „Ist jemand … ich meine, hast du jemanden bei uns liegen?" Er wies mit dem Daumen hinter sich zur Aussegnungshalle.

Rottmann schüttelte den Kopf. „Nicht direkt", gab er zurück. „Aber heute wird doch der ehemalige Stadtrat Freiberger ausgesegnet. Freiberger war, bevor er in die Politik ging, Kriminalbeamter bei der Sitte. Du kannst dich doch sicher noch an ihn erinnern."

„Ungern, Erich. Wirklich ungern!", gab Schlereth zurück. „Wenn du mich fragst, war Freiberger ein ziemlicher A… Armleuchter." Er verstummte, dann schüttelte er den Kopf: „Man soll über Tote nichts Schlechtes sagen."

„Sag mal, kannst du mir einen Gefallen tun?", kam Rottmann zur Sache. „Könntest du bitte, solange ich bei der Feier bin, Öchsle irgendwo bei dir unterbringen? Ich kann ja schlecht einen Hund mit reinnehmen. Allein lassen will ich ihn aber auch nicht."

Schlereth warf dem Rüden einen schrägen Blick zu. „Ist der Bursche auch friedlich?"

Rottmann schmunzelte. „Die Menschen, die er bis heute aufgefressen hat, leben alle noch."

„Also gut, dann kann er solange bei mir im Büro bleiben. Komm aber bitte gleich nach der Aussegnung wieder vorbei. Ich habe anschließend noch zwei Erdbestattungen. Bei uns ist zurzeit Hochkonjunktur."

„Alles klar, mach ich. Vielen Dank schon mal."

Der Exkommissar begleitete Öchsle noch mit in den Aufenthaltsraum des Personals, dann streichelte er ihm zum Abschied über den Kopf, gab ihm einen kleinen Kauknochen und ging. Der Rüde sah ihm aufmerksam hinterher, hatte aber offenbar verstanden, dass er jetzt hier warten musste. Er schnappte sich den Kauknochen und begann ihn zu bearbeiten.

Stadtrat Freiberger hatte keine Angehörigen. Trotzdem zog sich die Aussegnungsfeier ziemlich in die Länge. Die Stadt Würzburg wurde von Bürgermeister Andy Farmer vertreten, der die Tätigkeit des Verstorbenen als Stadtrat ausgiebig würdigte. Da Freiberger auch in verschiedenen Aufsichtsräten gesessen hatte, waren auch von diesen Institutionen Persönlichkeiten entsandt worden, die lange Reden schwangen. Als endlich der fünfte und letzte Redner ans Pult trat, um einige Worte des Abschieds und der Anerkennung zu sprechen, begann Rottmann darüber zu sinnieren, dass wohl nirgendwo mehr gelogen wurde als an einem Sarg. Soweit er sich erinnern konnte, war Freiberger zu Lebzeiten nicht gerade beliebt gewesen.

Schließlich übernahm der Priester wieder und sprach die üblichen Gebete. Nach fünfundvierzig Minuten war die Zeremonie beendet, und der Sarg verschwand zu den Klängen eines Klavierkonzerts von Schubert langsam im Boden der Aussegnungshalle.

Die Menschen erhoben sich und gingen.

Rottmann wechselte noch einige Sätze mit Bekannten, dann verließ auch er das Gebäude und eilte wieder hinters Haus.

Schlereth wartete schon am Hinterausgang auf seinen ehemaligen Kollegen. Öchsle stand schwanzwedelnd neben ihm.

„Gustav, ich danke dir vielmals für deine Hilfe", sagte Rottmann und gab ihm die Hand.

„Keine Ursache", gab der zurück, „das ist wirklich ein braver Bursche. Also, servus, ich muss wieder rein, der Job ruft!"

Erich Rottmann verließ mit Öchsle die letzte Ruhestätte Würzburger Bürger.

Als der ehemalige Leiter des Morddezernats den Residenzplatz erreicht hatte, blieb er plötzlich mitten auf dem Platz stehen. Öchsle sah seinen Menschen aufmerksam an. Rottmann verspürte Hunger. Er überlegte, ob er in Richtung Theaterstraße gehen sollte, mit dem Ziel *Maulaffenbäck* oder ob er durch die Hofstraße in Richtung Heimat laufen sollte, um sich daheim etwas einzuverleiben.

Das Unangenehme war, dass in der Rosengasse vermutlich ein Problem auf ihn wartete. Seufzend wählte er schließlich den Parcours durch die parkenden Fahrzeuge in Richtung Hofstraße. Es half alles nichts, auf Dauer konnte er der Sache nicht aus dem Weg gehen.

Er hatte das Haus, in dem seine Wohnung lag, kaum erreicht, als er aus der obersten Etage des Nachbarhauses ein lautes „Juhuuu“ hörte. Es hatte keinen Sinn, so zu tun, als würde er es nicht hören. Langsam hob er den Kopf und schaute nach oben.

„Hallöchen, Erich, hier bin ich!“

Erich Rottmann musste sich wirklich keine Mühe geben, um Elvira Stark an einem der Fenster zu entdecken. Sie stand dort und winkte ihm mit einem bunten Putzlappen zu.

„Erich, ich drücke dir die Tür auf, dann kannst du gleich mal raufkommen!“ Sie sprach so laut, dass Nachbarn die Fenster ihrer Wohnungen öffneten und nachsahen, woher der Lärm kam.

„Öchsle, uns bleibt heute aber auch wieder gar nichts erspart“, brummte Rottmann und bewegte sich seufzend in Richtung Hauseingang des Nachbargebäudes. Er ignorierte den Aufzug und benutzte die Treppe. Öchsle war kein Freund von Liften. Außerdem hatte es Rottmann nicht sonderlich eilig, in den obersten Stock zu kommen.

„Da seid ihr ja“, freute sich Elvira, und für einen Augenblick sah es so aus, als wolle sie Rottmann um den Hals fallen. Rein vorsorglich bückte er sich und hob einen Papierschnipsel auf, den er dann in einen der aufgestellten Abfallsäcke warf.

„Du bist mit den Malerarbeiten aber schon ordentlich vorangekommen", bemerkte er, um überhaupt irgendetwas zu sagen. Dabei tat er so, als würde er die Wände des Flurs interessiert mustern.

„Ach, Erich, ihr Männer habt aber auch wirklich gar kein Auge für so etwas! Das muss doch ein Blinder sehen, dass hier noch nicht ein Pinselstrich gemacht wurde! Im Moment bin ich dabei, die Fensterrahmen abzukleben, damit man sie leichter streichen kann." Sie warf den Putzlappen auf eines der Fensterbretter. „Morgen kommen die Maler, dann kommt hier erst einmal richtig Farbe rein. Du wirst anschließend die Wohnung nicht wiedererkennen."

„Hm", brummte Rottmann, „jedenfalls hat der Vorbesitzer die Wohnung recht ordentlich hinterlassen. Hätte wetten können, dass hier bereits getüncht ist."

Elvira Stark war Erich Rottmanns Jugendliebe gewesen. Bei Ermittlungen in einem Kriminalfall hatte er sie im Grafeneckart, dem Würzburger Rathaus, vor einiger Zeit wiedergetroffen. Seitdem hegte Elvira die Hoffnung, dass es so etwas wie ein Wiedererblühen der alten Liebschaft geben könnte.

Nun hatte Elvira vor einiger Zeit eine Eigentumswohnung in der Rosengasse erworben. Ganz zufällig lag diese Neuerwerbung direkt neben dem Wohnhaus ihres ehemaligen jugendlichen Verehrers, der sich heute einfach nicht mehr so richtig an die Schwärmerei von damals erinnern wollte.

Aus Rottmanns Sicht stellte Elvira eine Dauergefährdung seines angenehmen, unabhängigen Junggesellenlebens dar, in dem er sich bestens eingerichtet hatte. Eine Sichtweise, welche die temperamentvolle Fränkin nicht so einfach hinzunehmen bereit war – für sie eher ein Anreiz, ihre Bemühungen zu verstärken, als ein Grund, die Flinte ins Korn zu werfen.

„Möchtest du gern einen Kaffee?“ Elvira war schon halb auf dem Weg in die Küche. „Ich habe dir ja erzählt, dass ich die Einbauküche des Vorbesitzers übernommen habe. Die Kaffeemaschine ist bereits in Betrieb. Es macht wirklich keine Mühe.“

Erich Rottmann winkte ab. „Danke, Elvira, aber mir ist jetzt wirklich nicht nach Kaffee. Ich komme gerade von der Aussegnung des alten Freiberger.“

„Ach, stimmt, das war ja heute. Eigentlich wollte ich auch hingehen, aber der Umzug bringt doch einige Arbeit mit sich, da habe ich es einfach nicht geschafft.“

„Du hast nichts versäumt“, erwiderte Rottmann und begann damit, sich langsam in Richtung Eingangstür abzusetzen. „Es war einige Prominenz vertreten, und es gab die üblichen nichtssagenden Reden.“

Rottmann räusperte sich. „Elvira ... Elvira, falls du ... ich meine, wenn du Hunger hättest ... ich hab drüben noch die Reste einer Schweinshaxe im Kühlschrank. Du hast hier doch nichts zu essen. Also, wenn du Appetit hast, du kannst gern mit rüberkommen, dann schieb ich uns was in die Mikrowelle ...“

Elvira lächelte freundlich, schüttelte aber den Kopf. „Danke, Erich, das ist wirklich lieb gemeint, aber in einer halben Stunde kommen die Bodenleger und messen hier alles aus. Ich habe gerade ein Brot gegessen, das ich mir mitgebracht habe.“ Sie warf Rottmann einen schelmischen Blick zu, dann richtete sie sich auf und reckte dabei ihre ansehnliche Oberweite hervor. „Wie du siehst, werde ich nicht so schnell vom Fleisch fallen!“

Der Exkommissar schluckte, dann langte er nach dem Türgriff. „Tja, dann ... wenn du meine Hilfe brauchst, weißt du ja, wo du mich erreichen kannst.“ Er hob winkend die Hand, dann verließ er die Wohnung. Öchsle tappte eilig hinterher.

Während Erich Rottmann auf dem Heimweg war, machte er sich so seine Gedanken über die Gefährlichkeit des Junggesellenlebens im Allgemeinen und seines im Besonderen.

Rottmann ging in seine Küche. Jetzt musste er erst einmal seinen knurrenden Magen befriedigen. Seine übliche Zeit der mittäglichen Nahrungsaufnahme war weit überschritten. Es gab im Leben eines Mannes ganz einfach Prioritäten. Zunächst musste aber Öchsle zu seinem Recht kommen. Rottmann betrat die Speisekammer und füllte den Napf des Rüden.

Als er später am Küchentisch saß und sich die Schweinshaxe schmecken ließ, spürte er doch so etwas wie ein schlechtes Gewissen. Elvira ackerte drüben in der leeren Wohnung und musste sich mit belegten Broten zufriedengeben, während er es sich hier gutgehen ließ. Eigentlich wäre es schade um ihre knackige Figur, wenn sie dadurch abnehmen würde, sinnierte er, rief sich für seine gedankliche Entgleisung aber sofort wieder zur Ordnung und beruhigte sich damit, dass die Portion für zwei gar nicht gereicht hätte.

Nach dem Essen stellte Rottmann das schmutzige Geschirr in die Spüle. Dort befand es sich in guter Gesellschaft seines Frühstücksgeschirrs und des Schoppenglases vom gestrigen Abend. Rottmann zuckte mit den Schultern. Spülen würde er später. Auch so ein Vorzug des Junggesellenlebens: Keiner machte einem Vorschriften.

Rottmann legte sich auf seine Couch und gönnte sich das verdiente Mittagsschläfchen. Schließlich musste er für den abendlichen Stammtisch wieder fit sein.

Öchsle, der dieses Ritual seines Menschen zur Genüge kannte, rollte sich neben ihm auf dem Teppichboden zusammen. Auch er bevorzugte nach dem Fressen ein Verdauungsnickerchen. Bald füllten die geräuschvollen Atemgeräusche der beiden Schläfer den Raum.

Das schrille Klingeln des Telefons riss Erich Rottmann unfreundlich aus seinen Träumen. Der Exkommissar richtete sich schnell auf und wischte sich mit der Hand über das Gesicht, dann war er wach. Er warf dem Telefon einen kritischen Blick zu. Das klang ganz nach Elvira Stark. Rottmann schnappte sich das Mobilteil und meldete sich. Als der Anrufer seinen Namen genannt hatte, war Rottmann überrascht.

„Hallo, Gustav, habe ich bei dir was liegen lassen?“

Es war tatsächlich Gustav Schlereth, der ehemalige Kollege, den er am Morgen auf dem Hauptfriedhof wiedergetroffen hatte und dessen Stimme jetzt sehr aufgeregt klang.

„Nein, Erich, das ist es nicht. Ich … ich habe da was entdeckt, was ich dir unbedingt zeigen muss.“

„Was ist denn los?“, wollte Rottmann wissen. „Du klingst ja, als wäre dir eine deiner Leichen abhandengekommen.“

Die Antwort kam nach einer kurzen Pause. „Erich, es ist eher das Gegenteil der Fall, aber ich möchte am Telefon nicht darüber sprechen. Kannst du heute kurz vor Schließung des Friedhofs herkommen? Ich habe dann nur noch allein Dienst und schließe um 19.30 Uhr das Gelände ab. Dann haben wir den Friedhof für uns.“

Rottmann fand zwar die Aussicht, den Hauptfriedhof ganz für sich zu haben, nicht sonderlich prickelnd, sagte aber dennoch zu. Seine Neugierde war geweckt. Irgendetwas musste den alten Polizisten ziemlich aus der Fassung gebracht haben.

Kurz vor halb acht trafen Erich Rottmann und Öchsle am Haupteingang ein. Gustav Schlereth stand oben an der Aussegnungshalle und erwartete sie schon. Eiligen Schrittes kam er die Auffahrt herunter.

„Komm rein. Ich schließ gleich ab.“

Rottmann und Hund gingen durch das Tor, dann schloss Schlereth hinter ihnen ab.

„Ist es eigentlich schon vorgekommen, dass Leute im Friedhof eingeschlossen wurden?“, wollte der Exkommissar wissen.

„Keine Ahnung“, gab Schlereth zurück. Man konnte ihm anmerken, dass er angespannt war und für Smalltalk keinen Sinn hatte. „Drüben an der Beethovenstraße ist in der Mauer ein Drehkreuz eingelassen. Dort kann man immer raus. Kommst du, wir müssen runter in den Leichenkeller.“

Rottmann hob erstaunt die Augenbrauen, sagte aber nichts.

Gustav Schlereth ging voraus. Er führte Rottmann zum hinteren Teil der Aussegnungshalle.

„Jetzt mach's doch nicht so spannend!“ Rottmann liebte es gar nicht, wenn man ihn auf die Folter spannte. „Was ist denn los?“

„Wart's ab, Erich, das kann man nicht erklären, das musst du gesehen haben.“ Schlereth öffnete die Doppeltür des Aufzugs und forderte Rottmann mit einer Handbewegung auf, ihm zu folgen. Kaum hatte er den Lastenaufzug betreten, drang an Rottmanns Nase ein leicht süßlicher Geruch. Es war nur ein Hauch, aber der ehemalige Leiter der Würzburger Mordkommission hatte den Geruch des Todes schon so oft in der Nase gehabt, dass er ihn auch in feinster Verdünnung erkannt hätte. Öchsle bestätigte seinen Eindruck: Er saß neben seinem Herrn und sog hörbar die Luft ein.

Der Aufzug hatte nur ein Stockwerk in die Tiefe zu überwinden. Kaum losgefahren, hielt er ruckartig an. Die drei verließen den Lift. Die kühle Luft der Klimaanlage schlug ihnen entgegen. Rottmann fröstelte.

Durch ein Kellerfenster drang nur gedämpftes Außenlicht herein. Schlereth betätigte einen Lichtschalter. Die anspringenden Neonröhren beleuchteten sieben Särge, die nebeneinander auf Rollbahren standen.

„Habt ihr hier ein ganzes Lager?“ Rottmann wunderte sich.

„Die meisten sind von den Bestattungsinstituten bereits für morgen angeliefert. Diese beiden hier sind fürs Krematorium." Schlereth wies auf zwei Särge, die etwas abseitsstanden.

„Ist hier auch der Freiberger?"

Der Mann nickte. „Der Sarg dort rechts außen. Bis zum Abtransport ins Krematorium werden die Toten hier zwischengelagert. Zwischen Aussegnung und Abtransport können schon mal ein paar Tage vergehen."

„Den Transport erledigen ..."

„... die Beerdigungsinstitute", vervollständigte Schlereth den Satz. Während er das sagte, hatte er die Rollbahre mit Freibergers Sarg ein Stück in die Mitte des Raumes direkt unter eine der Lampen gefahren.

Er legte die rechte Hand auf das Holz, dann wandte er sich Rottmann zu. „Die Särge mit den Toten werden hier angeliefert, dann findet die Aussegnung statt und sie landen wieder hier im Keller. Wenn die Angehörigen keine nochmalige Öffnung wünschen, bleibt der Sarg die ganze Zeit über geschlossen. Das Aufsichtspersonal bekommt die Verstorbenen normalerweise gar nicht zu sehen." Er räusperte sich. „Ich weiß, dass in anderen Städten vor jeder Einäscherung noch einmal der Sarg vom Aufsichtspersonal des Friedhofs geöffnet wird, um zu überprüfen, ob auch alles seine Ordnung hat, also die Papiere und der Inhalt des Sarges übereinstimmen. Wir hier in Würzburg machen das für gewöhnlich nicht."

Rottmanns Spannung stieg. Nun musste etwas Außergewöhnliches, möglicherweise Schockierendes kommen.

„Ich habe heute mit einem Kollegen den Sarg von Freiberger auf die Rollbahre gehoben. Ich habe Freiberger gekannt, er war nie ein Schwergewicht gewesen. Eher klein und drahtig, wenn ich mich richtig erinnere. Jedenfalls kam mir der Sarg merkwürdig schwer vor. Das kann natürlich vom verwendeten Holz kommen. Das hier ist aber ein ziemlich billiger Fichtensarg. Diese Särge werden gern für Einäscherungen genommen. Es geht ja sowieso alles durch den Kamin."

Rottmann hoffte, dass der Exkollege endlich zur Sache kam. Die Atmosphäre im Keller lud nicht gerade zum Verweilen ein.

„Also, langer Rede kurzer Sinn", fuhr Schlereth fort, „ich konnte meine alte Neugierde nicht unterdrücken und habe, als die Kollegen gegangen waren, den Sarg noch einmal aufgeschraubt." Mit diesen Worten ergriff er den nur lose aufliegenden Sargdeckel und hob ihn mit einem Ruck hoch.

Ein heftiger Schwall üblen Leichengeruchs schlug ihm entgegen. Rottmann griff in seine Hosentasche und hielt sich sein Taschentuch vor die Nase. Sogar Öchsle musste mehrmals heftig niesen.

Der Tote lag friedlich, mit geschlossenen Augen und gefalteten Händen auf einem weißen Kissen. Sein Körper war unter den Armen bis zur Brust mit einem Leichentuch bedeckt. Die Färbung seines Gesichts hob sich nur unwesentlich von der hellen Innenauskleidung des Sarges ab.

Das Bild eines friedlich schlafenden Toten wurde jedoch erheblich durch die Tatsache gestört, dass am Fußende des Sarges eine weitere männliche Leiche zu erkennen war. Auch sie lag ordentlich aufgebahrt im Sarg. Allerdings trug sie schwarze Kleidung. Da das Leichentuch aber auch bei diesem Toten bis unter die Achseln reichte, konnte man nur die Ärmel der Kleidung sehen.

„Was ist denn das? Seit wann gibt es in Särgen Untermieter?", fragte Rottmann und riss erstaunt die Augen auf. Nachdem er den ersten Schock überwunden hatte, beugte er sich interessiert vor. „Sieht so aus, als wäre das ein Priesterornat." Da war wieder das sachliche Verhalten eines ehemaligen Kriminalbeamten, der sich sofort analytisch mit dem Problem auseinandersetzte und keine Zeit an Emotionen vergeudete.

Der zweite Leichnam war deutlich älter als der Stadtrat. Sein Gesicht, dem der friedliche Gesichtsausdruck seines Sarggenossen völlig fehlte, war verzerrt und von tiefen Falten durchzogen. Es schien so, als wäre seinem letzten Schritt vom Leben zum Tod ein heftiger Todeskampf vorausgegangen.

„Ich nehme mal an, dass es normalerweise nicht üblich ist, zwei Leichen in einem Sarg einzuäschern?"

Schlereth zuckte mit den Schultern. „Hätte ich dich sonst angerufen? Du kannst dir vielleicht vorstellen, wie ich erschrocken bin, als ich dieses Duo entdeckt habe." Er machte eine kurze Pause, dann stellte er mit plötzlich erwachendem Sarkasmus fest: „Allerdings kann es für Freiberger nur vorteilhaft sein, wenn er gleich seinen eigenen Priester mit vor die Himmelspforte bringt." Wieder sachlich werdend, fuhr er fort : „In der Friedhofsverwaltung konnte ich niemanden mehr erreichen. Meine Kollegen waren auch weg. Mir ist nichts Besseres eingefallen, als dich anzurufen. Was sollen wir jetzt tun?"

Rottmann rieb sich den Nasenrücken. „Ich habe natürlich auch keine Erklärung dafür. Sieht aber ganz so aus, als wollte hier jemand einen Zeitgenossen diskret verschwinden lassen. Das ist besonders delikat, weil es sich offenbar um einen Priester handelt. Da werden wir wohl die Kollegen aus dem Morddezernat herbitten müssen. Leg den Deckel wieder auf. Ich versuche, Florian Deichler zu erreichen."

Wenig später hatte der ehemalige Leiter der Mordkommission seinen früheren Mitarbeiter am Telefon, der noch immer in der Mordkommission tätig war. Als Rottmann ihm kurz umriss, um was es ging, meinte Deichler: „Sag mal, Erich, du hast jetzt aber nicht einen Schoppen über den Durst getrunken und willst einen unterbezahlten Staatsdiener auf den Arm nehmen?"

„Quatsch keinen Blödsinn, Florian. Hol die Kavallerie und sieh zu, dass du möglichst schnell hier auftauchst. Die Leichen werden nicht frischer!“

Deichler traf wenig später am Friedhof ein. Er stellte den Dienstwagen vor dem Haupteingang ab. Schlereth ließ ihn herein. Was Rottmann ihm da am Telefon mit wenigen Worten berichtet hatte, war ihm so abenteuerlich erschienen, dass er sich die Sache zunächst einmal allein ansehen wollte, bevor er hier ein großes Theater veranstaltete.

„Servus, Florian“, grüßte der Exkommissar seinen ehemaligen Mitarbeiter. „Wo sind die anderen?“

„Grüß dich, Erich“, gab der Kripobeamte zurück. „Ich wollte mir die Sache erst einmal allein ansehen, bevor ich die Kollegen aus dem Feierabend hole.“

Rottmann warf ihm einen ärgerlichen Blick zu, sagte aber nichts. Wahrscheinlich hätte er an Deichlers Stelle nicht anders gehandelt. Die Geschichte war aber auch zu abenteuerlich.

„Wo sind die Leichen?“, wollte der Kriminalbeamte wissen.

„Wir müssen runter in den Keller“, antwortete Schlereth.

Als er kurz darauf den Sargdeckel wieder anhob, zog Deichler betroffen die Augenbrauen hoch.

„Na, glaubst du mir jetzt?“ Rottmann konnte sich einen gewissen Unterton nicht verkneifen.

„Es gibt in unserem Job wirklich nichts, was es nicht gibt“, gab der Kommissar zurück.

Deichler führte ein Gespräch mit der Einsatzzentrale, das aus einer Abfolge von knappen Anweisungen bestand. Als er das Telefonat beendet hatte, ließ er sich von Schlereth einen kurzen Bericht geben. Während des Gesprächs schlenderten die drei mit Öchsle im Gefolge zum Tor, das Schlereth für die Spurensicherung öffnete.

Als Erstes traf ein privater Personenwagen ein und kam mit quietschenden Bremsen zum Stehen. Hastig stieg ein Mann aus und knallte die Wagentür zu.

„Was ist denn hier auf dem Friedhof los?“, fragte er barsch. „Schlereth, warum ist das Tor offen? Was hat mir die Polizeieinsatzzentrale für einen Unsinn erzählt? Wir hätten hier eine Leiche zu viel?“

Auf Deichlers Anweisung hin hatte die Einsatzzentrale den Chef des Friedhofsamtes verständigt.

Hauptkommissar Deichler zückte seinen Dienstausweis und hielt ihn dem Mann vors Gesicht. „Mein Name ist Deichler, Mordkommission Würzburg. Mit wem habe ich das Vergnügen?“ Mit dieser formellen Geste brachte er den zornigen Mann zum Schweigen.

Irritiert blickte er auf den Ausweis, dann entgegnete er etwas beherrschter: „Mein Name ist Herrmann, Volker Herrmann. Ich bin der Leiter des Städtischen Friedhofsamtes. Kann mir jetzt vielleicht einmal jemand erzählen, was hier wirklich los ist? Wer ist dieser Mann hier?“ Dann wies er auf Öchsle. „Vor allen Dingen, was hat der Hund hier zu suchen?“

Deichler trat einen Schritt nach vorne. „Herr Herrmann, ich denke, dass die Anwesenheit des Hundes im Augenblick das kleinste Problem darstellt. Dieser Herr hier ist der ehemalige Leiter der Würzburger Mordkommission, Erster Kriminalhauptkommissar Erich Rottmann. Herr Schlereth, der ja ebenfalls früher Polizeibeamter war, hat Herrn Rottmann angerufen, weil er von der Friedhofsverwaltung niemanden mehr erreichen konnte. Sie übrigens auch nicht.

Herr Rottmann hat wiederum mich verständigt. Wie ich mich mittlerweile selbst davon überzeugen konnte, haben wir unten in einem der Särge gewissermaßen … einen Untermieter. Eine zweite Leiche, deren Anwesenheit in diesem Sarg der

Klärung bedarf. Es ist nicht auszuschließen, dass hier ein Verbrechen vertuscht werden soll."

Herrmann riss die Augen auf und schüttelte entschieden den Kopf. „So ein Unsinn! Auf meinem Friedhof geht alles mit rechten Dingen zu!"

„Offenbar doch nicht ... oder ist es hier üblich, dass zwei Leichen in einem Sarg zusammenliegen?"

Der Mann schüttelte den Kopf. „Das kann ich erklären …"

In diesem Augenblick kam der Kleinbus der Spurensicherung angebraust. Der Fahrer öffnete das Fenster. „Sind wir hier richtig bei ‚einer Leiche zu viel'?"

Deichler ging auf die flapsige Formulierung des Kollegen nicht ein. „Fahrt hinter das Aussegnungsgebäude", wies er den Mann ein. „Der Tatort ist im Keller."

„Tatort, welcher Tatort?", ereiferte sich der Friedhofsleiter mit hochrotem Kopf. Deichler beachtete ihn im Augenblick nicht.

Der Fahrer kurbelte am Lenkrad, gab Gas und fuhr zügig zum angegebenen Ziel. Alle anderen eilten zu Fuß hinterher. Das Friedhofstor blieb offen.

Schlereth öffnete den Transportaufzug wieder und die Besatzung des Kleinbusses, drei Männer und die Polizeifotografin, trugen ihre Ausrüstung hinein. Deichler, Rottmann und Schlereth fuhren mit in die Tiefe.

Die Spurensicherer machten sich sofort an die Arbeit. Zunächst wurden vom Keller, von dem ungeöffneten Sarg und der Rollbahre zahlreiche Fotos gemacht. Dann wurde der Deckel abgehoben und ein erneutes Blitzlichtgewitter begann.

„Wir müssen warten, bis der Gerichtsmediziner kommt. Erst dann können wir weitermachen." Deichler nickte.

Wieder meldete sich Herrmann zu Wort: „Lassen Sie mich doch endlich erklären. Hier gibt es doch gar nichts zu untersuchen. Alles hat seine Ordnung. Totenscheine liegen auch vor." Der Friedhofschef machte eine verzweifelte Geste. „Das Würzburger Beerdigungsunternehmen ‚Ewige Ruhe' hat ein neues Geschäftskonzept entwickelt, dessen Grundidee darin besteht, die immer stärker steigenden Kosten für Einäscherungen zu senken und so auch Familien mit geringem Einkommen eine würdige Feuerbestattung ihrer Angehörigen zu ermöglichen. Bei beiderseitigem Einverständnis können zwei Verstorbene in einen Sarg gebettet und dann zusammen eingeäschert werden."

Deichler sah den Mann zweifelnd an. Das klang doch alles sehr abenteuerlich. Seiner Meinung nach war der Friedhofschef durchaus in den Kreis der Verdächtigen mit einzubeziehen.

„Das läuft alles sehr pietätvoll ab", erklärte Herrmann im Brustton der Überzeugung. „Beide Verstorbenen werden bei der Aussegnung gewürdigt."

„Wer ist denn der Besitzer des Beerdigungsinstituts?", wollte Deichler wissen.

„Es handelt sich um Ruthard Abschied. Ein sehr gewissenhafter Mann, mit dem wir schon seit Jahrzehnten bestens zusammenarbeiten."

„Warum hat man in der Öffentlichkeit noch nichts von dieser sogenannten Neuerung gehört?"

„Wir wollten sie erst eine gewisse Zeit erproben. Dann sollten die Friedhofsordnung geändert und der Stadtrat sowie die Presse verständigt werden."

Deichler machte sich eine Notiz, dann erklärte er: „Die Leichen sind beschlagnahmt. Der Staatsanwalt will sich den Tatort persönlich ansehen. Er wird auf jeden Fall anordnen, die Leichen ins Institut für Rechtsmedizin zu überführen. Diese Todesfälle müssen noch einmal auf den Prüfstand. Selbstverständlich werde ich mich auch mit Herrn Abschied unterhalten und Ihre Angaben überprüfen."

Der Leiter des Friedhofsamtes war entsetzt. Wie sollte er das seinen Vorgesetzten erklären? Er hatte geplant, das Konzept als seine Idee zu verkaufen. Das war nun völlig danebengegangen.

Deichler näherte sich Erich Rottmann und sagte mit gedämpfter Stimme: „Erich, du kennst ja das Prozedere. Du verstehst sicher, dass ich dich nicht länger hierlassen kann …"

Erich Rottmann legte seinem ehemaligen Mitarbeiter die Hand auf den Arm. „Mach dir mal keine Gedanken. Das ist doch klar. Ich werd mich jetzt diskret verdrücken. Ist es dir recht, wenn ich morgen früh zu dir ins Büro komme? Du brauchst doch bestimmt eine Aussage von mir."

„Ja, bitte. Es wird sicher nicht lange dauern." Er zwinkerte Rottmann zu. „Vielleicht habe ich dann auch schon ein paar neue Erkenntnisse." Er zögerte kurz. „Es könnte natürlich sein, dass auch Krämer mit dir sprechen will."

Rottmann verzog das Gesicht, als hätte er plötzlich Zahnschmerzen. Sebastian Krämer war sein Nachfolger im Amt des Leiters des Morddezernats. Rottmann hatte, gelinde gesagt, keine sehr hohe Meinung von seinem Nachfolger. Diese Wertschätzung beruhte allerdings auf Gegenseitigkeit. Für Krämer war Rottmann ein kriminologischer Dinosaurier, der sich unberechtigterweise immer wieder in Kriminalfälle einmischte, die ihn nichts angingen.

Deichler und Rottmann gaben sich die Hand. Der Exkommissar stieg in den Aufzug und Schlereth fuhr ihn hinauf.

Rottmann verabschiedete sich von dem alten Polizisten und verließ den Hauptfriedhof. Sein Bedarf an Leichen war für heute absolut gedeckt. Öchsle folgte ihm.

Wenig später rollte ein betagter Kombi auf den Parkplatz in der Nähe des Haupteinganges des Friedhofs. Die kräftige Gestalt von Christian Schöpf-Kelle wand sich hinter dem

Steuer hervor. Um den Hals trug er wie immer seine Kamera.

Würzburgs rasender Reporter hatte aus Langeweile wieder einmal seinem Hobby gefrönt und den Polizeifunk abgehört. Als er mitbekommen hatte, dass die ganze Kavallerie der Spurensicherung zum Hauptfriedhof beordert worden war, schrillten bei ihm sämtliche journalistischen Alarmglocken. Sofort hatte er sich hinters Steuer gesetzt und da war er nun. Natürlich registrierte er sofort das weit geöffnete Haupttor, obwohl der Friedhof eigentlich schon lange geschlossen sein sollte.

Schöpf-Kelle sah sich kurz um, dann eilte er durch das Tor und schlüpfte gleich links in die erste Gräberreihe. Gerade noch rechtzeitig, um nicht mit einem Mann des Aufsichtspersonals zusammenzutreffen, der hier herumschlenderte und eine Zigarette rauchte.

Der Reporter blieb gespannt in seinem Versteck stehen.

Als Dr. Patschner und Oberstaatsanwalt Eulenhauer wenig später mit ihren Fahrzeugen am Friedhof ankamen und sofort von dem Aufsichtsbeamten hinter die Aussegnungshalle geführt wurden, entfuhr ihm ein zufriedenes „Na, wer sagt's denn!“ Selbstverständlich kannte er jeden Gerichtsmediziner in Würzburg, und auch das Gesicht des zuständigen Oberstaatsanwalts war ihm vertraut. Leider wurden die beiden ständig von irgendwelchen Grabsteinen verdeckt, so dass er kein ordentliches Foto schießen konnte. Aber Schöpf-Kelle hatte Geduld.

Als die Männer die Aussegnungshalle fast erreicht hatten, folgte er ihnen, die Grabsteine als Deckung nutzend. Er beobachtete, wie sie in den Lastenaufzug stiegen und im Gebäude verschwanden.

„Ich fress einen Besen, wenn hier nicht was abgeht, was der Öffentlichkeit verborgen bleiben soll! Christian, hier bleibst du und wenn es bis zum Jüngsten Gericht dauert!“ Plötzlich wurde ihm bewusst, was er da vor sich hin gemurmelt hatte, und sah sich hastig um. So wörtlich hatte er das natürlich nicht gemeint. Er musste sich eingestehen, dass es auch für einen abgebrühten Reporter Einsatzorte gab, die ein mulmiges Gefühl vermittelten. Er schüttelte sich und kauerte sich hinter einem Gedenkstein nieder, den Fotoapparat schussbereit in der Hand.

Seine Geduld wurde ziemlich strapaziert. Es dauerte fast eine Stunde, bis sich drüben an der Aussegnungshalle wieder etwas tat. Zunächst kam ein Leichenwagen durch das Haupttor gefahren und rollte rückwärts an den Lastenaufzug der Aussegnungshalle. Wenig später ging die Aufzugtür auf und eine Bahre mit einem geschlossenen Sarg wurde herausgerollt. Der Oberstaatsanwalt, der Rechtsmediziner, der ihm bekannte Kriminalbeamte Florian Deichler, der Aufsichtsbeamte und ein sehr nervös wirkender Mann, der Schöpf-Kelle unbekannt war, folgten.

Schöpf-Kelle hob die Kamera und stellte eine längere Belichtungszeit ein, so dass er den Blitz nicht benötigte. Er legte die Kamera auf einen der Grabsteine, dann drückte er auf den Auslöser. Der Reporter hoffte ganz einfach, dass ein paar Aufnahmen brauchbar sein würden.

„Sie lassen mir morgen den Obduktionsbefund der zweiten Leiche bitte so schnell wie möglich zukommen", rief Oberstaatsanwalt Eulenhauer dem Rechtsmediziner zu. „Der Leichnam von Freiberger kann meinetwegen eingeäschert werden."

Schöpf-Kelle stellte die Lauscher. Der Schall trug auf dem stillen Friedhof sehr weit, so dass er fast jedes Wort verstand. Der Staatsanwalt hatte von einer zweiten Leiche gesprochen. Es war aber nur ein Sarg zu sehen. Sollte das heißen … zwei Leichen in einem Sarg? Schöpf-Kelles Atem ging schneller. Einer der Toten schien Stadtrat Freiberger zu sein. Was dieser Satz, noch dazu in Verbindung mit dem Sarg des ehemaligen Stadtrats, zu bedeuten hatte, konnte er im Augenblick nicht ermessen. Aber eines war klar: Wenn das nicht nach einer heißen Story roch, würde er sich in Christiane umtaufen lassen! Jetzt musste er nur noch zusehen, dass er schleunigst an weitere Informationen kam. Er wusste schon, wie er das anpacken musste. Der Typ vom Aufsichtspersonal sah ganz so aus, als könne er einen kleinen Zusatzverdienst gebrauchen.

Wenig später hatte der Reporter allerdings ein kleines Problem. Alle Beteiligten dieses gruseligen Szenarios verließen der Reihe nach den Friedhof durch das Tor. Der Mann vom Aufsichtspersonal blieb stehen und wartete, bis auch das letzte Fahrzeug das Gelände verlassen hatte, dann folgte auch er und schloss von außen ab.

Schöpf-Kelle blieb nichts anderes übrig, als in seinem Versteck auszuharren und zuzusehen, wie er eingeschlossen wurde. Natürlich kannte auch er den Seitenausgang an der Beethovenstraße. Allerdings war dieser ein ganzes Stück von seinem Standort entfernt. Aber für eine heiße Story nahm ein Journalist wie er auch schon mal einen kurzen Marsch in Kauf.

*

BISCHOF HELMFRIED MANNHOF stand am Ambo und predigte. Seine über Lautsprecher verstärkte Stimme füllte den Raum und drang bis in den letzten Winkel des geräumigen Kirchenschiffs des Würzburger Kiliansdoms. Die Kirche war, wie bei der bischöflichen Messe üblich, gut besucht. Der Bischof war ein guter Rhetoriker und verstand es, seine Zuhörer mit seinen Predigten sowohl inhaltlich als auch sprachlich zu fesseln. Nicht zuletzt deshalb waren auch an diesem Tag viele Menschen in den Dom gekommen.

Einer der Mitzelebranten, die auf Hockern an der Seite des Altars saßen und den Worten des Bischofs zuhörten, war mit den Gedanken sehr weit von den tiefgründigen Worten des Oberhirten entfernt. Er hielt seinen Kopf so tief gesenkt, dass es aussah, als wäre er in Andacht versunken, in Wirklichkeit ließ er den Mann am Ambo nicht aus den Augen. Wie war ihm dieser Mann verhasst! Nicht weil er ihn persönlich verabscheute, nein, er würde jeden anderen an dieser Stelle mit den gleichen Gefühlen bedenken. Monate hatte er darauf gehofft, dass ihn der Ruf aus Rom ereilen würde. Er hatte gebetet, wie noch nie in seinem Leben zuvor. Doch seine Bitten waren unerhört geblieben.

Obwohl schon mehr als drei Jahre vergangen waren, dass Mannhof zum achtundachtzigsten Bischof von Würzburg ernannt worden war, saß der Stachel nach wie vor schmerzhaft in seiner Brust. Mannhof war für einen Bischof noch verhältnismäßig jung. Sicher würde er sein Amt noch lange Zeit ausüben können – wenn ihm nichts widerfuhr.

Der Bischof beendete seine Predigt und wandte sich seinem Stuhl zu, den er nach seinem Amtsantritt eigens vor dem Altar hatte errichten lassen. Um den Menschen näher zu sein, so hatte er diese Maßnahme begründet. In den Augen dieses speziellen Beobachters reine Eitelkeit!

Auch die Mitzelebranten erhoben sich von ihren Hockern und formierten sich wieder an ihren Plätzen. Die heilige Messe nahm ihren Lauf.

Einer der Männer am Altar war bereit, jede Gelegenheit zu ergreifen, seinen vermeintlichen Konkurrenten aus dem Weg zu räumen.

Bischof Mannhof ahnte von alldem nichts. Würdevoll nahm er auf seinem Stuhl Platz.

*

DER TREFFPUNKT WAR GUT GEWÄHLT. Inmitten der zahllosen Menschen, die sich in dem Biergarten am Viktualienmarkt den leiblichen Genüssen hingaben, fielen die beiden Männer sicher nicht auf. Der eine um die fünfzig Jahre alt und untersetzt, der andere deutlich jünger, schlank und hochgewachsen. Beide trugen Anzüge, hatten aber ihre Krawatten bequem gelockert.

Auf einen möglichen Beobachter wirkten die beiden wie Beamte eines der zahlreichen Ministerien der bayerischen Hauptstadt, die sich nach Büroschluss noch eine Maß Bier und ein paar Brezeln gönnten.

Der Ältere der beiden Männer warf einen prüfenden Blick hinüber zum Nachbartisch, wo eine Gruppe Japaner saß, die sich angeregt unterhielten. Der Bierkonsum schien ihre übliche asiatische Zurückhaltung nachhaltig gelockert zu haben. Die beiden konnten sicher sein, dass niemand etwas von ihrem Gespräch mitbekam.

„Höheren Orts hat man ein intensives Interesse daran, auf diese … na, sagen wir mal besonderen Gegenstände direkten Zugriff zu bekommen“, meinte der Ältere.

Sein Gegenüber rieb sich nachdenklich die Stirn. „Ich wüsste wirklich gern, wie Sie an diese Information gekommen sind. In Würzburg weiß offensichtlich niemand etwas davon. Wäre das der Fall, hätten es die Medien längst laut hinausposaunt. Ich bin mir deshalb ziemlich sicher, dass Sie einem Hirngespinst aufgesessen sind. Irgendein Scharlatan versucht mit Ihnen ein Spielchen zu spielen.“

„Das lassen Sie mal unsere Sorge sein“, gab der Ältere zurück. Sein Tonfall zeugte davon, dass er keinen Widerspruch gewohnt war. „Wir sind sicher, dass die Quelle seriös und an der Sache etwas dran ist. Wir wissen nur noch nicht genau, um welche Gegenstände es sich konkret handelt. Es scheint sich aber um wertvolle Devotionalien zu handeln, die seit langer Zeit verschollen sind. Deshalb habe ich Sie ja hierher zu diesem Treffen gebeten, damit Sie uns letzte Klarheit verschaffen. Selbst eine vage Chance, dass diese Information richtig sein könnte, werden wir nutzen." Er griff in die Innenseite seines Sakkos. „Hier in dem Umschlag ist die Kopie einer Nachricht, die man uns zugespielt hat. Beschäftigen Sie sich mit dem Text, vielleicht hilft er Ihnen weiter." Er reichte den Umschlag über den Tisch. „Sie können das später lesen."

Der Jüngere steckte das Kuvert nach kurzem Zögern unbesehen ein. „Wissen Sie, was Sie da von mir verlangen? Ich kann doch nicht durch Würzburg laufen und merkwürdige Fragen stellen. Sie können sich doch vorstellen, dass ich im Augenblick in meiner Situation im Fokus der regionalen Medien stehe. Da muss ich auf jedes Wort achten. Solche Aktionen könnten unter Umständen eine unerwünschte Berichterstattung zur Folge haben! Wie Sie wissen, sind im nächsten Jahr Wahlen und …"

„Wie Sie das anstellen, mein Freund, ist mir völlig egal. Durch den Wechsel an der Spitze unseres Hauses gibt es auch eine Trendwende beim Regierungshandeln. Es kann davon ausgegangen werden, dass in Zukunft fränkische Interessen stärker Berücksichtigung finden werden. Auf einen derartigen Richtungswechsel muss sich die Verwaltungsbürokratie unseres Hauses in vorausschauender Planung einstellen. Da würde es natürlich gut hineinpassen, wenn der neue Ministerpräsident mit der Wiederentdeckung des Schatzes in Verbindung gebracht wird. Und der Umstand, dass in Ihrer Stadt im nächsten Jahr Kommunalwahlen anstehen, kommt uns dabei zusätzlich ausgesprochen gelegen. Was glauben Sie, wie sich das auf die Meinungsbildung auswirken wird!"

„Versprechen kann ich aber nichts", sagte der Jüngere und drehte nervös seinen Maßkrug.

Der Ältere musterte sein Gegenüber mit zusammengekniffenen Augen. „Was ist denn das für eine Rede von einem aufstrebenden jungen Politiker? Sie sollten dabei nicht vergessen, dass unser Haus Mittel und Wege hat, Sie zu motivieren." Das Wort motivieren betonte er besonders. „Sie können sicher sein, dass in unserem Hause über ehrgeizige Politiker aus Franken ausführliche Akten existieren. Noch so ein Fall wie der dieser aufmüpfigen Landrätin in Fürth wird uns nicht passieren."

„Soll das etwa eine Erpressung sein?", zischte der Jüngere betroffen.

„Na, warum denn gleich so unfreundlich", gab der Ältere nachsichtig lächelnd zurück. „Ich habe doch gar nichts gesagt. Wir wissen nur unsere Interessen zu wahren. Das hat in unserem Hause eine gewisse Tradition, wenn Sie mir diese Bemerkung erlauben." Er schmunzelte. „Auf der anderen Seite sind wir aber auch gern bereit, loyale Unterstützung zu honorieren. Auch das haben Sie doch schon am eigenen Leib erfahren, zumindest, als Sie noch unserer Partei angehörten. Ich fantasiere jetzt mal: Was, wenn sich die politische Landschaft in Würzburg bis zum nächsten Jahr ändert? Sie wissen, dass wir auf die Wahl der Kandidatin beziehungsweise des Kandidaten einen gewissen Einfluss haben. Wir sind wirklich nicht begeistert, wie es in den letzten Jahren in Ihrer Stadt gelaufen ist. Ständig die negative Presse der derzeitigen Amtsinhaberin. Erfolgreiche Bürgerbegehren kann man sich unserer Meinung nach auch nur in begrenzter Zahl erlauben. Wo kämen wir denn da hin, wenn das einfache Volk überall mit hineinregieren wollte!

Verlassen Sie sich darauf: Wenn es zur gegebenen Zeit zum Schwur kommt, werden wir uns sicher an ihr Entgegenkommen erinnern. Es wäre nicht das erste Mal, dass plötzlich vor einer Wahl eine Lichtgestalt auftaucht, die dann das Rennen macht." Er lachte.

Der Jüngere nahm einen Schluck aus seinem Krug, um den schalen Geschmack im Mund hinunterzuspülen. Der Köder, den der Ältere ihm da vorhielt, war schon sehr verlockend. „Was Sie da andeuten, kann doch gar nicht funktionieren. Wie Sie schon sagten, habe ich doch erst von wenigen Wochen die Partei gewechselt und gehöre damit gar nicht mehr zu Ihrem Verein."

Der Ältere hob die Hand. „Ach, wissen Sie, mein Freund, was Sie da getan haben, war sicher nicht sonderlich intelligent, aber es ist auch kein Beinbruch. Wenn Sie für uns erfolgreich erledigen, worum wir Sie bitten, werden Sie ganz einfach wieder zurückkommen. Ein bisschen Parteienhopping ist doch heutzutage in. Schauen Sie doch nur in die Bibel, der verlorene Sohn wurde von seinem Vater auch wieder herzlich willkommen geheißen. Was glauben Sie, wie wir uns freuen werden, so einen aussichtsreichen, hoch motivierten und intelligenten Politiker wie Sie wieder in unseren Reihen begrüßen zu dürfen." Aus seiner Miene zu schließen schien er das Thema ausgesprochen amüsant zu finden. Ganz im Gegensatz zu seinem Gesprächspartner, der recht verkniffen in seinen Maßkrug starrte, weil er den Sarkasmus seines Gegenübers sehr wohl verstanden hatte.

„Ich verstehe gar nicht Ihre Bedenken", fuhr der Ältere fort. „Was wir von Ihnen erwarten, ist doch nichts Weltbewegendes. Sie sollen doch nur herausfinden, ob das, was wir gerüchteweise gehört haben, zutrifft, und die Fakten etwas präzisieren. Mehr nicht. Den Rest erledigen dann wir. Kein Mensch wird verlangen, dass Sie sich so exponieren, dass Sie später für ein Amt nicht mehr in Frage kommen."

„Also gut, ich werde sehen, was ich erreichen kann." Der Jüngere schien einen Entschluss gefasst zu haben.

„Warum nicht gleich so? In einer Woche werde ich wieder mit Ihnen Kontakt aufnehmen. Ihre Handynummer habe ich ja. Es wäre gut, wenn Sie mir dann schon Konkreteres sagen könnten.“ Während er aufstand, fügte er noch hinzu: „Und vergessen Sie nicht, was ich Ihnen gesagt habe. Karrieren in Bayern gehen nun mal nur über persönliches Engagement.“ Er nickte knapp, dann marschierte er durch die Biertischreihen davon.

Der zurückgebliebene Gesprächspartner stierte gedankenverloren vor sich hin. Seine Gedanken wirbelten wild durcheinander. Dann trank er mit langen Zügen seinen Bierkrug aus. Der ungewohnte, schnell ins Blut übergehende Alkohol des Bieres ließ ihn seine Situation langsam in einem etwas rosigeren Licht erscheinen. Der Mann hatte recht: Was sollte ihm schon groß passieren? Für die Karriere musste man auch einmal Opfer bringen.

Als er die Maß geleert hatte, erhob er sich unsicher. Er hatte tatsächlich einen leichten Schwips. Die Japaner am Nebentisch lächelten ihm freundlich zu. Er lächelte etwas gezwungen zurück. Ein Blick auf seine Armbanduhr sagte ihm, dass er sich beeilen musste, um noch den nächsten ICE nach Würzburg zu erreichen.

*

Der *Maulaffenbäck* war an diesem Abend wieder proppenvoll. Diese Würzburger Traditionsweinstube in der Maulhardgasse war die Heimat des Stammtisches DIE SCHOPPENFETZER. Bei den Mitgliedern handelte es sich durchwegs um gestandene Unterfranken, die in ihrem Berufsleben mit der Juristerei zu tun oder kriminologische Berufe ausgeübt hatten.

Als Erich Rottmann mit Öchsle deutlich später als sonst üblich die Weinstube betrat, schlug ihm die gewohnte Geräuschkulisse entgegen. Nicht gerade etwas für empfindliche Ohren, aber der alte Schoppenfetzer kannte das nicht anders. Freundlich nach allen Seiten grüßend, näherte sich Rottmann dem Stammtisch. Dieser runde Tisch stand glücklicherweise genau gegenüber der Theke, so dass immer direkter Blickkontakt der Stammtischbrüder zum Wirt bestand. Echte Versorgungsnotstände konnten so niemals auftreten. Und dann war da noch die Anni, die Bedienung im *Maulaffenbäck.* Sie hatte ständig ein fürsorgliches Auge auf ihre Schoppenfetzer, damit auch keiner zu kurz kam. Das war einer der Gründe, weshalb jeder der gestandenen Weinliebhaber den *Maulaffenbäck* als seine zweite Wohnstube betrachtete, was natürlich gelegentlich zur Folge hatte, dass das Heimgehen schwerfiel.

Erich Rottmann klopfte zum Gruß mit dem Knöchel auf die Holzplatte. Rundum wurde sein Gruß erwidert. Obwohl er heute der letzte Schoppenfetzer war, der den Weg zum Stammtisch gefunden hatte, war sein angestammter Sitzplatz frei geblieben.

Öchsle suchte sich durch den Wald der Beine seinen Weg und legte sich direkt unter seinem Herrchen nieder. Hier, unter der Sitzbank, hatte er seine Ruhe und war trotzdem jederzeit zur Stelle, wenn sein Mensch ihm etwas zukommen lassen wollte, beispielsweise einen Happen Leberkäs.

Anni sah den Neuankömmling fragend an. Erich Rottmann

nickte. Eine Minute später stand ein Silvanerschoppen vor ihm.

„'n Abend, Erich", grüßte Dr. Ritter, wie Rottmann Gründungsmitglied der Schoppenfetzer, „bist heute aber spät dran. Wir haben uns schon Sorgen gemacht."

„Hab ein Stündchen geschlafen", gab der Exkommissar zurück, „und dann sind halt doch zwei draus geworden. Du weißt doch, wie das ist, als Pensionist muss man darauf achten, dass man regelmäßig seinen Schönheitsschlaf bekommt."

Der ehemalige Leitende Oberstaatsanwalt der Staatsanwaltschaft Würzburg nickte verständnisvoll. Rottmann wunderte sich schon, dass Horst Ritter nicht näher nachfragte. Normalerweise war er ziemlich neugierig und nicht so schnell zufrieden zu stellen. Doch da klopfte Ritter mit einem Messer gegen sein Glas und erhob sich. Am Stammtisch verstummten die Gespräche.

„Meine Herren, da wir nun vollzählig sind, sollten wir erst einmal das Glas auf unseren Freund Xaver Marschmann erheben. Er vollendet heute sein vierundsechzigstes Lebensjahr und er hat es sich nicht nehmen lassen, seinen Geburtstag hier im Kreise seiner Stammtischbrüder zu feiern. Zum Wohl, Xaver! Du sollst hoch leben!" Dr. Horst Ritter hob sein Glas und die übrigen Schoppenfetzer taten es ihm gleich. Ritter setzte sich wieder hin.

Rottmann fluchte still. Wegen der Aktion im Hauptfriedhof hatte er völlig vergessen, dass Marschmann heute seinen Geburtstag feierte. Ein unverzeihlicher Fehler.

Xaver Marschmann, ehemaliger Ermittler im Rauschgiftdezernat der Kripo Würzburg, erhob sich seinerseits.

„Liebe Freunde, zunächst vielen Dank für die guten Wünsche. Wie hat mein Vater selig immer gesagt, wenn er zu einem Geburtstag gratuliert hat: So alt wie du wird kein Wildschwein im Spessart! Und damit hatte er Recht. Lasst uns deshalb ordentlich feiern! Selbstverständlich geht heute Abend die Zeche auf mich. Zum Wohlsein!"

Der Beifall der Stammtischbrüder war ihm gewiss.

Als der übliche Lärmpegel wiederhergestellt war, beugte sich Dr. Ritter zu Erich Rottmann hinüber. „Na, Erich, du warst doch heute auf der Trauerfeier vom Freiberger. Waren viele Leute da?"

Rottmann zuckte mit den Schultern. „Es war halt die übliche Rathausprominenz vertreten und ein Schwung Repräsentanten von verschiedenen Vereinen, in denen Freiberger Mitglied war. Du kennst das doch. Da wird die Rede Nullachtfünfzehn aus der Schublade geholt und das war's schon. Freiberger hatte offenbar keine Familie mehr. Jedenfalls war niemand da, den man als Angehörigen hätte identifizieren können. Eigentlich ein ziemlich bescheidener Abgang."

„Was soll man dazu sagen, Erich", gab Ritter nachdenklich zurück, „aber …"

In diesem Augenblick wurde er von Xaver Marschmann unterbrochen. „Leute, jetzt quatscht hier nicht über Beerdigungen! Stoßt lieber mit mir an, es gibt nichts Schlimmeres, als wenn man allein trinken muss. So jung kommen wir nicht mehr zusammen!" Dieser Aussage konnte niemand widersprechen. Er hob sein Glas und alle in der Runde tranken auf sein Wohl.

Die Feier am Stammtisch war den übrigen Gästen natürlich nicht verborgen geblieben. Von allen Seiten kamen gute Wünsche und die Schoppenfetzer mussten noch oft anstoßen.

Danach kam Horst Ritter nicht mehr auf die Beerdigung zu sprechen. Rottmann war darüber nicht böse. Der Exkommissar hatte wirklich keine Lust, in dieser fröhlichen Runde an die unangenehmen Erlebnisse der letzten Stunden erinnert zu werden.

Die Zeitspanne, die der Wirt seinen Stammtischgästen bei solchen Gelegenheiten über die normale Schlusszeit hinaus gewährte, war schon ordentlich überschritten, als die weinselige Schar den *Maulaffenbäck* verließ. Draußen schwätzten und alberten sie noch einige Zeit herum, dann trennten sie sich und jeder strebte mehr oder weniger geradlinig seinen heimatlichen Gefilden zu.

Öchsle war sichtlich froh, als er sich endlich an einem der Bäume hinter der Marienkapelle erleichtern konnte. Der Abend war auch für ihn lang gewesen. Rottmann zündete sich derweil seine Bruyère an. Wegen des genossenen Weins waren seine Handgriffe nicht mehr ganz so sicher wie sonst. Öchsle wartete geduldig, bis die Pfeife schließlich richtig zog.

Als sich Rottmann einige Zeit später durch die Rosengasse auf sein Wohnhaus zubewegte, warf er unwillkürlich einen Blick hinauf zu den Fenstern von Elviras zukünftiger Wohnung. Er war erleichtert, dass kein Licht brannte, obwohl das auch gar nicht sein konnte, weil Elvira noch nicht umgezogen war.

Als er einige Minuten später seine Wohnung betrat, fiel ihm als Erstes das heftige Blinken seines Anrufbeantworters auf.

Während Öchsle seinen Wassernapf aufsuchte und laut schlabbernd seinen Durst löschte, schaltete Rottmann den Anrufbeantworter an und ließ sich in einen der Sessel fallen. Einen Augenblick später hörte er eine sehr wohlklingende, aber ihm unbekannte Frauenstimme.

„Grüß Gott, Herr Rottmann, hier spricht Schwester Genoveva Viel, bischöfliches Ordinariat Würzburg. Ich bin die Assistentin des Herrn Generalvikars Dr. Marillenbrand.“ Es folgte eine kurze Atempause, dann fuhr sie fort: „Der Herr Generalvikar hätte Sie gern gesprochen, wenn das möglich wäre … Es ist jetzt wirklich etwas unglücklich, dass ich Sie nicht persönlich erreichen kann, aber vielleicht haben Sie die Freundlichkeit und rufen mich morgen zurück. Es ist so, dass die Angelegenheit dringlich ist.“ Es folgte wieder eine kurze Pause, dann schloss sie den Anruf mit einem „Grüß Gott, Herr Rottmann, und vielen Dank für Ihre Mühe.“

Was in aller Welt konnte der Generalvikar des Bischofs von ihm wollen, noch dazu mit dieser Dringlichkeit? Zwar wußte er, dass Dr. Marillenbrand sehr weit oben in der Hierarchie des Ordinariats stand und auch für sehr weltliche Dinge zuständig war. Aber was hatte er, Erich Rottmann, damit zu schaffen?

Er schob sich mit den Schuhspitzen seine abgetretenen Schuhe von den Füßen und legte die Beine auf den Couchtisch. Während er noch sinnierte, wurden seine Augenlider schwer und sein Kopf sank auf die Brust. Er war eingeschlafen.

Der hochgewachsene, distinguiert gekleidete Mann betrat das Rathaus durch den Haupteingang. Überall, wo er Mitarbeitern des Hauses begegnete, wurde er mit freundlichem Kopfnicken gegrüßt.

Kommunale Bedienstete, deren oberste Chefin oder Chef Wahlbeamte waren, wussten genau, dass sich die Situation an der Spitze der Stadtregierung bei der nächsten Wahl schon wieder ändern konnte. Deshalb war es zweckmäßig, wenn man zu allen potentiellen Kandidaten immer schön freundlich war. Schließlich wollte keiner wegen einer derartigen Veränderung an der Spitze einen Karriereknick riskieren.

Der Mann betrat sein Büro und ließ sich am Schreibtisch nieder. Er schob einen Stapel unbearbeiteter Akten zur Seite, dann schloss er mit einem Schlüssel, den er am privaten Schlüsselbund bei sich trug, einen Auszug seines Aktencontainers auf und holte den Umschlag heraus, den er in München ausgehändigt bekommen hatte. Es handelte sich um den ominösen Text aus der Gramschatzer Kirchturmkugel. Er las ihn nun schon zum x-ten Mal, ohne daraus schlau zu werden.

War Messwein in dieser Zeit wirklich so schwer zu bekommen und daher so wertvoll, dass Menschen ihr Leben riskiert hatten, um ihn aus Würzburg wegzubringen? Gewiss, der Weinanbau lag gegen Ende des Zweiten Weltkriegs fast völlig am Boden. Aber rechtfertigte das eine derartige Aktion?

Sicher, die Stadt wurde später dem Erdboden gleichgemacht. Aber woher wollte das der Sekretär des Bischofs im Voraus gewusst haben? Gewiss war dieser Transport nicht ohne die Einwilligung des Bischofs geschehen. Was mochte den Mann bewogen haben, seine Zustimmung zu einem Himmelfahrtskommando zu geben? Und warum hatte eine bayerische Staatsregierung heute plötzlich Interesse daran, alten Messwein auszugraben? Konnte eine solche Aktion wirklich dazu beitragen, die Einstellung der Unterfranken zur Regierung in München zu ändern? Das erschien ihm alles höchst suspekt! Messwein war in der Regel ein zwar sehr sorgfältig ausgebauter, aber im Prinzip einfacher, naturbelassener Wein, der nach so langer Lagerung sicher nicht mehr zu genießen war. Was sollte das also bringen? Er war sich sicher, dass da noch etwas anderes dahintersteckte.

Der Mann schob den Text in das Kuvert zurück und steckte es sich in die Jackentasche. Es half alles nichts, er musste jemanden finden, der, ohne Verdacht zu erwecken, Menschen aushorchen konnte. Am besten natürlich Zeitgenossen, die sich vielleicht noch daran erinnern konnten, was damals geschehen war. Das war heute, über sechzig Jahre nach Kriegsende, gar nicht mehr so einfach. Zudem musste dabei äußerst umsichtig vorgegangen werden.

Er erhob sich und verließ sein Büro wieder. Es schwebte ihm eine bestimmte Person vor, die ihm bei der Sache dienlich sein konnte. Als er über den Flur ging, kam er am Dienstzimmer der Oberbürgermeisterin vorbei. Nachdenklich betrachtete er im Vorübergehen das Türschild. Wenn alles gut ging, würde im nächsten Jahr auf diesem Schild sein Name stehen!

*

Es war Öchsle, der sein Herrchen durch Fiepen und Stoßen mit der kalten Schnauze aus den Federn trieb. Erich Rottmann hätte heute definitiv verschlafen. Spät in der Nacht war er in seinem Sessel aufgewacht und hatte sich ins Bett geschleppt. Dort hatte er unruhig weitergeschlafen.

„Ist ja schon gut", brummte er, als der Rüde keine Ruhe gab, und wälzte sich schwerfällig aus den Federn. Er blieb auf dem Bettrand sitzen und rieb sich die Augen. Dabei warf er einen Blick auf den Wecker. „Mist!", stieß er hervor, als er feststellen musste, dass es bereits sieben Uhr war. Dann hatte er es plötzlich eilig. Sein Terminkalender war heute dicht gedrängt. Zunächst musste Öchsle zu seinem Recht kommen. Außerdem hatte er Deichler zugesagt, heute früh seine Aussage zu Protokoll zu geben. Und dann war da auch noch der Anruf. Er würde selbstverständlich zurückrufen. Einmal aus Höflichkeit und zudem war da auch noch ein ordentliches Quantum an Neugierde. Was konnte der hochrangige Kleriker von ihm wollen?

Während er im Bad stand und sich die Zähne putzte, dachte er bekümmert darüber nach, welchem Stress ein Pensionist permanent ausgesetzt war. Kein Wunder, dass das Rentnerleben in der Regel mit dem Ableben endete. Er grinste über seine eigene Ironie.

Nachdem er seine Morgentoilette beendet hatte, griff er zum Telefon und wählte die Nummer des Sekretariats von Dr. Marillenbrand. Allerdings hatte er Zweifel, ob die Kirchenverwaltung um diese Zeit bereits besetzt war.

„Vorzimmer Dr. Marillenbrand, Schwester Genoveva am Apparat. Was kann ich für Sie tun?", meldete sich schon nach dem zweiten Läuten die freundliche Stimme, die er vom Anrufbeantworter her kannte.

Donnerwetter, die Schwester klang, als wäre sie schon seit

Stunden wach! Nach kurzem Räuspern meldete er sich.

„Rottmann hier. Sie haben mir gestern eine Nachricht aufgesprochen."

„Ah, schön, Herr Rottmann, dass Sie so schnell zurückrufen", zeigte sich Schwester Genoveva erfreut. „Wie ich schon auf Band sagte, Herr Dr. Marillenbrand hätte Sie gern persönlich in einer dringenden Angelegenheit gesprochen. Wann hätten Sie denn Zeit? Der Herr Generalvikar richtet sich ganz nach Ihnen."

Sie einigten sich auf einen Termin am Nachmittag. Einige Minuten später verließen Erich Rottmann und Öchsle das Haus. Mit einem Blick in die Nachbarschaft konnte sich der Exkommissar davon überzeugen, dass in Elviras Wohnung bereits die Fenster geöffnet waren. Seine ehemalige Jugendliebe war also bereits am Werkeln. Als er schon weitergehen wollte, hörte er plötzlich hinter sich ein Quietschen und dann eine vertraute Stimme: „Guten Morgen, Erich!"

Rottmann drehte sich erschrocken um. Elvira Stark stieg vom Fahrrad. „Ich habe schnell noch ein paar Reinigungsmittel aus meiner alten Wohnung besorgt", erklärte sie. „Und du bist schon wieder unterwegs?"

„Der Hund muss halt raus", fasste sich Rottmann kurz, in der Hoffnung, dass sie nicht auf einer längeren Unterhaltung bestand.

„Na, dann macht's gut, ihr beiden", rief Elvira zu Erichs Erstaunen ungewohnt kurz angebunden und schob ihr Rad weiter. Rottmann winkte ihr freundlich zu, dann eilten Herr und Hund in Richtung Main. Öchsle hatte es jetzt wirklich eilig.

Kriminalhauptkommissar Florian Deichler warf einen erstaunten Blick auf seine Armbanduhr, als sein ehemaliger Chef durch die Tür trat. „Guten Morgen, Erich, setz dich. Es ist gerade einmal halb acht. Du bist heute aber früh auf den Beinen. Du hättest dir ruhig Zeit lassen können. Wir von der Polizei nehmen natürlich auf Pensionisten und deren Schlafbedürfnis Rücksicht.“ Er grinste Rottmann an.

„Werd bloß nicht frech“, gab der ehemalige Leiter der Mordkommission zurück. „Ich bin immer noch fit genug, um dir die Hammelbeine langzuziehen!“ Rottmann ließ sich auf einen Stuhl fallen und lehnte sich bequem zurück.

Öchsle suchte sich derweil einen Platz unter dem zweiten, leeren Schreibtisch, der im hinteren Bereich des Büros stand.

Erich Rottmann wies mit dem Daumen auf das verlassen wirkende Büromöbel. „Ihr habt immer noch keinen weiteren Mann zugewiesen bekommen?“

„Nicht daran zu denken“, gab Deichler zurück. „Die sparen sich noch einmal tot in unserem Freistaat. Und, was hat’s unserem verflossenen Herrn Ministerpräsidenten genützt? Nichts! Sie haben ihn trotzdem in die Wüste geschickt.“

Er zog die Tastatur seines Computers zu sich heran und loggte sich in das Schreibprogramm der Polizei ein.

„Erich, du kennst ja das Prozedere. Ich habe das Protokoll schon vorbereitet. Deine Personalien sind mir ja bekannt.“ Mit einem Mausklick öffnete er ein Dokument. „Also, jetzt diktier mir mal deinen Bericht, dann sind wir gleich fertig …“

„Seit wann diktieren Zeugen ihre Aussage selbst?!“ Die Stimme war schneidend, klang sehr verärgert und gehörte dem Ersten Kriminalhauptkommissar Sebastian Krämer, Rottmanns Nachfolger. Fast lautlos war er im Rahmen der nur angelehnten Verbindungstür erschienen und beobachtete die Szene mit finsteren Blicken.

Öchsle begann leise zu knurren.

„… außerdem habe ich schon hundert Mal gesagt, dass

Tiere, insbesondere Hunde, hier nichts zu suchen haben! Dies ist kein Tierasyl, sondern ein Büro der Mordkommission, Deichler, merken Sie sich das endlich mal!“

„Mein Gott, Herr Krämer …“, begann Deichler, aber Rottmann unterbrach ihn.

„Sehr verehrter Herr Kollege, wenn Sie glauben, dass Sie mich mit Ihrem arroganten Gehabe beeindrucken können, haben Sie sich geschnitten. Ich habe hier eine Aussage zu machen und dazu bringe ich meinen Hund mit. Da können Sie sich meinetwegen auf den Kopf stellen und mit den Beinen wackeln! Es bleibt Ihnen allerdings unbenommen, sich beim Herrn Polizeidirektor über mich zu beschweren. Seien Sie froh, dass ich Ihnen hier, in Gegenwart eines Mitarbeiters, nicht noch ganz andere Dinge sage!“

Krämer richtete sich auf. Er war kurz vor dem Platzen. Doch dann hatte er sich wieder im Griff. „Rottmann, ich warne Sie. Sie können sich darauf verlassen, dass ich Sie ganz genau im Auge behalten werde. Sie stolpern mir ein wenig zu oft über irgendwelche Leichen. Irgendwann habe ich Sie, und dann …“ Der Satz blieb unvollendet. Stattdessen verließ er das Büro und warf die Tür geräuschvoll hinter sich zu.

„… und du mich auch“, brummte Rottmann und wandte sich Deichler zu.

Der wiegte den Kopf. „Erich, du solltest vorsichtig sein, der Mann hat dich voll auf dem Kieker. Wenn er eine Gelegenheit bekommt, wird er dir eine reinwürgen!“

„Danke dir für deine Fürsorge. Aber bevor der ‚Mahlzeit‘ sagt, habe ich den Leberkäs schon gegessen. Also, auf geht’s, jetzt hau mal in die Tasten …“

Es dauerte nur fünfzehn Minuten, dann hatte Deichler die Aussage niedergeschrieben. Rottmann las sie anschließend noch einmal durch, dann setzte er seine Unterschrift darunter.

„Habt ihr schon Erkenntnisse, was es mit der zweiten Leiche im Sarg auf sich hat?"

Deichler gab Rottmann eine Kopie der Aussage, das Original nahm er zur Ermittlungsakte. „Du weißt, dass ich dir eigentlich nichts sagen darf ..."

Rottmann verdrehte die Augen. „Du wirst doch vor diesem Bürohengst nicht kneifen. Stell dich nicht so an!"

Deichler beugte sich zu seinem ehemaligen Chef herüber. „Bei dem zweiten Mann im Sarg handelt es sich tatsächlich um einen Priester! Genauer gesagt, einen Augustinerpater."

Erich Rottmann nickte. „Also doch."

„Ja. Wir sind natürlich sofort, nachdem wir die Leichen in die Rechtsmedizin haben schaffen lassen, beim Beerdigungsinstitut ‚Ewige Ruhe' aufgekreuzt und wollten die entsprechenden Papiere sehen. Totenschein, Sterbeurkunde etc. Du wirst es nicht glauben, aber die waren tatsächlich völlig in Ordnung. Es handelt sich um einen gewissen Pater Leopold Kornberger, wie sein weltlicher Familienname lautet. Er gehörte zum Augustinerkloster Fährbrück."

„Fährbrück? Du meinst Fährbrück bei Hausen?"

„Gibt es sonst noch ein Fährbrück?", wollte Deichler etwas irritiert über die plötzliche Erregung seines ehemaligen Chefs wissen.

„Nein, nein, ist schon gut", winkte Rottmann ab. „Diese Information berührt mich nur persönlich. Das Kloster liegt nicht weit von Gramschatz, meinem Geburtsort, entfernt. Soweit ich weiß, versorgen die Patres aus Fährbrück die umliegenden Gemeinden, die keinen eigenen Pfarrer mehr haben, seelsorgerisch; auch Gramschatz." Er bemühte sich wieder um Konzentration. „Und warum lag der Pater bei Freiberger im Sarg?"

„Du wirst es nicht glauben, aber das, was der Friedhofschef, dieser Herrmann, gesagt hat, ist richtig. Dieses Beerdigungsinstitut hat tatsächlich ein neues Bestattungskonzept entwickelt."

Rottmann schüttelte den Kopf. „Es gibt nichts, was es nicht gibt."

„Hab ich auch erst gedacht, aber der Geschäftsführer hat mir die vorläufige Anmeldung und die Genehmigung zum Test dieser Bestattungsart gezeigt. Alles behördlich geprüft."

Rottmann schüttelte entgeistert den Kopf, dann fiel ihm etwas ein: „Moment mal! Von wem geprüft? Von diesem Herrmann?"

Deichler nickte. „Er ist dazu befugt. Allerdings hat er den zuständigen Referenten im Rathaus noch nicht verständigt. Aber das ändert nichts an der Zulassung."

Rottmann rieb sich über die Stirn. „Bei Freibergers Aussegnung hat aber kein Mensch etwas von einem Untermieter im Sarg gesagt, geschweige denn, ihn gewürdigt."

„Ja, das habe ich Herrn Abschied auch gefragt. Aber er konnte auch das erklären. Wenn keiner der beiden Verstorbenen nähere Angehörige hat, die auf eine individuelle Beisetzung Wert legen, werden die beiden Toten einfach stillschweigend zusammengelegt und die Sache geht ohne großes Aufsehen über die Bühne.

Bei Freiberger ging das natürlich nicht so diskret, weil er doch eine gewisse Prominenz hatte. Eigentlich wollte man den Priester einem anderen Verstorbenen beilegen, aber da stand in den nächsten Tagen nichts Geeignetes an. Da hat man ihn halt dem Freiberger beigepackt. Es wäre ja auch alles ohne Probleme über die Bühne gegangen, wenn dieser Schlereth nicht neugierig gewesen wäre."

Rottmann lehnte sich zurück und musterte Deichler mit zusammengekniffenen Augen. „Da kann man also einen

Menschen stillschweigend und ganz diskret verschwinden lassen …"

„Nein, so einfach ist das nicht. Behördenmäßig muss selbstverständlich alles seine Ordnung haben. Herr Abschied hat mir erklärt, dass diese innovative Geschäftsidee in seinem Institut erstmals erprobt wird. Wenn sie in Würzburg angenommen wird, soll der Bundesverband deutscher Bestatter seinen angeschlossenen Unternehmen empfehlen, diese Bestattungsart in ihr Angebot mit aufzunehmen. Es ist aber nicht geplant, groß Werbung dafür zu machen. Discountverbrennungen bringen natürlich nicht so viel ein wie Einzelkremierungen."

Rottmann beruhigte sich langsam wieder. „Weiß man inzwischen, woran der Pater verstorben ist? Überhaupt: Wenn er Augustiner war, warum wurde er dann nicht auf dem Klosterfriedhof beigesetzt?"

„Antwort eins: Es gibt einen ordnungsgemäßen Totenschein eines Arztes aus Rimpar, der bestätigt hat, dass Leopold Kornberger eines natürlichen Todes gestorben ist. An einer schweren Leberzirrhose, wie wir jetzt wissen. Der Pater kam erst vor einiger Zeit aus Afrika zurück. Dort hat er sich die Krankheit offenbar eingehandelt.

Antwort zwei: Angeblich soll es der letzte Wille des Paters gewesen sein, nicht in Klostererde beigesetzt zu werden. Frag mich jetzt bitte nicht warum. Wir werden da noch einmal nachbohren müssen. Das sind mir auch ein paar lose Enden zu viel. Trotzdem denke ich, dass keine strafbare Handlung vorliegt."

„Also, du kannst sagen, was du willst, aber das alles kommt mir höchst merkwürdig vor." Rottmann faltete die Abschrift des Protokolls und schob sie in die Tasche seiner Lodenjacke.

„Erich, ich hab das Gefühl, du hörst schon wieder mal das Gras wachsen", stellte Florian Deichler bekümmert fest. Er kannte die Passion seines ehemaligen Chefs. „So komisch das klingen mag, aber bis jetzt ist alles in Ordnung. Auch an der ungewohnten Bestattungsart ist nichts auszusetzen, selbst wenn sie merkwürdig anmutet. Der Staatsanwalt hat jetzt auch den Pater zur Verbrennung freigegeben. Ausnahmsweise waren sie in der Gerichtsmedizin so schnell, dass sie die Obduktion bereits durchgeführt haben. Wie gesagt, ohne irgendein negatives Ergebnis. Es sind noch die üblichen Gewebeuntersuchungen zu machen, aber das ist Routine und lässt nichts Spektakuläres erwarten."

Der Exkommissar erhob sich. „Dein Wort in Gottes Ohr. Wenn da nur nicht noch etwas nachkommt ... Ich habe da ein ganz merkwürdiges Gefühl." Mit einer Handbewegung unterstrich er seinen Zweifel. „Jedenfalls werde ich mich jetzt wieder auf die Socken machen. Ich habe noch einiges in der Stadt zu erledigen. Wenn du was Neues erfährst, lass es mich wissen."

Er winkte und bewegte sich in Richtung Tür. Öchsle war sofort auf den Läufen und tippelte hinter ihm her.

Deichler grüßte zurück. Innerlich musste er grinsen. Er konnte sich sehr lebhaft vorstellen, was Rottmann „zu besorgen" hatte. Er kannte seinen Exchef lang genug und wusste nur zu gut um seine Vorliebe für den *Maulaffenbäck.* Dann zog er sich mit einem leisen Seufzer eine Akte vom Stapel.

Draußen überlegte Rottmann kurz, dann grinste er spitzbübisch. Er ging einige Schritte den Flur hinunter, bis er genau vor Krämers Dienstzimmer stand. Hier zog er seine vorgestopfte Pfeife aus der Jackentasche und zündete sie genüsslich an. Als sie richtig zog, dampfte er eine gewaltige Rauchwolke in den Flur, die sich träge im Gang verteilte. Rottmann wusste, dass sein Amtsnachfolger militanter Nichtraucher war. Mit dieser Duftwolke, die mit Sicherheit durch die undichten Türen bis in Krämers Büro drang, würde er ihm bestimmt eine große Freude bereiten.

Als Erich Rottmann das Gefühl hatte, genug Dampf erzeugt zu haben, drehte er sich um und schlenderte langsam den Flur hinunter.

Was er anscheinend nicht bemerkte, war, dass Öchsle etwas zurückblieb. In diesem unbeobachteten Moment näherte dieser sich mit wenigen Schritten dem Türpfosten des Leiters der Mordkommission, hob blitzschnell sein Bein und investierte einige Tröpfchen Markierungssubstanz. Schnell hatte er danach sein Herrchen wieder eingeholt. Beide verließen das Haus.

Vor dem Gebäude blieb er stehen und sah auf seine Armbanduhr. Für den Stammtisch war es noch zu früh. Nach Hause wollte er auch nicht, weil er befürchtete, Elvira könne ihn in Beschlag nehmen.

„Gehen wir also ein Stück am Main entlang", entschied er. „Ein bisschen frische Luft kann uns nach dem Büromief sicher nicht schaden." Öchsle wedelte mit dem Schwanz erfreut sein Einverständnis.

Das ungleiche Gespann schlenderte in Richtung Main, wobei Rottmann eine dicke Rauchwolke hinter sich herzog. Der Fluss glitzerte im Schein der Morgensonne, und die Festung auf dem Marienberg grüßte trutzig herunter.

Eine Stunde später stieg der Exkommissar an der Alten Mainbrücke die Treppe hinauf und mischte sich in den morgendlichen Fußgängerverkehr. Ein Radfahrer hatte es besonders eilig. Er kam so schnell dahergebraust, dass er Öchsle gerade noch mit einem wilden Schlenker ausweichen konnte.

„Hey, pass doch auf, du Rammel!", schimpfte Rottmann, doch der Typ war bereits vorüber. An der gelben Kuriertasche auf seinem Rücken war er als Fahrradbote zu erkennen.

Grummelnd marschierte Rottmann am Grafeneckart vorbei, ein Stück die Domstraße entlang, um dann in die Schustergasse einzubiegen. Langsam überquerten er und Öchsle den

Unteren Markt, wobei Rottmann dem wachsenden Bau des Petrinihauses einen schiefen Blick zuwarf. Für ihn war dieses Gebäude so überflüssig wie ein Kropf.

Während er um die Marienkapelle herumlief, schaute er wieder auf seine Uhr. Er stieß ein zufriedenes Brummen aus. In wenigen Minuten würde der *Maulaffenbäck* seine Pforten öffnen. Manchmal empfand es Rottmann als sehr lästig, dass er, obwohl die Weinstube praktisch seine zweite Heimat war, immer noch warten musste, bis es der Anni einfiel, den Schlüssel herumzudrehen, um zu öffnen. Er würde mal mit dem Wirt reden müssen. Vielleicht bekam er das Hausrecht und einen Schlüssel. Bei dem Gedanken musste er allerdings selbst grinsen.

In der Maulhardgasse winkte ihm schon von weitem das Wirtshausschild des *Maulaffenbäcks* zu. Nachdem er sich in der Metzgerei am Eck mit den für seinen Frühschoppen unverzichtbaren Grundnahrungsmitteln versorgt hatte, schwenkten er und Öchsle in die Weinstube ein.

Anni stand am Tresen und nickte ihm ungewohnt freundlich zu. Für diese Tageszeit war das erstaunlich.

„Wie immer?“, fragte sie knapp. Mit der Redseligkeit war es noch nicht so weit her. Für den Stammtischbruder kein Problem. Fränkische Herzlichkeit war eine bescheiden blühende Pflanze und äußerte sich nur selten wortreich.

„Wie immer“, gab Rottmann genauso wortkarg zurück.

Obwohl es erst kurz nach zehn Uhr war, saß Dr. Horst Ritter bereits am Stammtisch und blätterte in der *Main-Postille.*

„Guten Morgen, Erich! Auch schon auf den Beinen?“ Er rutschte unaufgefordert zur Seite, so dass sich Erich Rottmann auf seinem Stammplatz niederlassen konnte. Öchsle machte es sich wie immer unter der Bank gemütlich.

Anni brachte Teller und Besteck und stellte beides vor Rottmann ab. „Schoppen kommt gleich“, erklärte sie.

Horst Ritter warf einen neidvollen Blick auf das duftende Fresspaket auf dem Tisch und legte seine Zeitung zusammen. „Steht sowieso nichts Gescheites drin. Langsam braucht man für dieses Blatt einen Duden, wenn man die Beiträge richtig lesen will. Ist dir eigentlich aufgefallen, dass die Zeitungsmacher auch immer schlampiger werden? An manchen Tagen wimmelt das Blatt nur so von Rechtschreibfehlern."

Rottmann nickte zustimmend. „Pisa! Ich sag nur Pisa!" Sein Interesse galt jetzt erst mal dem ordentlichen Stück Leberkäs, das er aus der Folie auf seinen Teller rutschen ließ. Die Laugenstange legte er auf die Serviette. Anni stellte wortlos den Silvanerschoppen daneben.

Da ging die Tür auf und Ron Schneider kam herein. Der ehemalige Rechtsanwalt und Senior einer auch heute noch gutgehenden Anwaltskanzlei gab ebenfalls im Vorübergehen seine Bestellung auf. Auch er hatte unter dem Arm ein Brotzeitpäckchen.

„Morgen, die Herren", grüßte er, dann ließ er sich nieder. Auch bei ihm vollzog sich wortlos das eingeübte Ritual.

Jetzt erst fiel den beiden auf, dass ihr Stammtischbruder Horst Ritter ohne Vesperpaket am Tisch saß. Sie warfen ihm fragende Blicke zu.

„Ich habe heute schon gefrühstückt", erklärte er gleich. „Heidi hat mich heute schon bestens versorgt." Heidi Cunningham war die einstige Sekretärin und jetzige Lebensgefährtin von Horst Ritter. Es war den Stammtischbrüdern bekannt, dass sie daheim ein strenges Regiment führte.

„Das heißt also, dass Heidi dich wieder mal auf Diät gesetzt hat", kommentierte Rottmann wenig einfühlsam. Dabei kaute er besonders demonstrativ und lustvoll auf einem Bissen Leberkäs herum.

„Sagt mal, habt ihr was mitbekommen?", fragte Ron Schneider nuschelnd dazwischen und wechselte damit das Thema, während er ein Stück Fleischwurst mit den Zähnen bearbeitete. „Ich habe läuten hören, dass mit Stadtrat Freibergers Beisetzung etwas schiefgelaufen sein soll. Angeblich hat man seinen Leichnam nach der Aussegnung in die Rechtsmedizin geschafft!“ Er drückte sich aus einem Plastiktütchen eine weitere Portion Senf auf den Teller.

Dr. Ritter riss überrascht die Augen auf. „Was hat denn das zu bedeuten?“ Er warf Rottmann einen fragenden Blick zu. „Erich, du warst doch dabei. Weißt du, was da vorgefallen ist?“

„Keine Ahnung“, entgegnete Rottmann mit vollem Mund. „Die Aussegnung ist völlig normal abgelaufen.“ Richtig gelogen war das nicht. Während der Aussegnung war ja tatsächlich nichts passiert. Etwas hielt ihn davon ab, seinen Stammtischbrüdern von der merkwürdigen Entdeckung im Leichenkeller der Aussegnungshalle zu berichten. Sie hätten ihm sonst wieder Löcher in den Bauch gefragt. Es hätte ihn allerdings interessiert, wie Ron Schneider schon wieder an diese Information gekommen war.

„Erich, du hast doch einen heißen Draht zur Rechtsmedizin“, fuhr Ritter fort. „Wenn ein Toter, der bereits ausgesegnet war, plötzlich nicht verbrannt wird, sondern auf dem Edelstahltisch landet, muss es doch Anhaltspunkte für einen unnatürlichen Tod gegeben haben. Das kann doch nur die Staatsanwaltschaft anordnen.“ Mit der Materie kannte sich Dr. Ritter als ehemaliger Leiter dieser Behörde aus. „So ein Fall ist mir allerdings in meiner gesamten Praxis nicht untergekommen.“

Rottmann zuckte mit den Schultern. „Ich kann ja mal mit Meyer sprechen, vielleicht lässt er was raus.“

Gottfried Meyer war Präparator im Institut für Rechtsmedizin der Universität Würzburg und ein alter Kumpel von

Erich Rottmann. Wenn es in der Rechtsmedizin um ungeklärte Todesfälle ging, entging Meyer so gut wie nichts. Mittels dieser wertvollen Quelle, da hatte Horst Ritter natürlich Recht, bekam Rottmann immer wieder Insidertipps, an die ein anderer nie herangekommen wäre.

Mit dieser Zusage gaben sich die Stammtischbrüder einstweilen zufrieden und wandten sich anderen, wichtigeren Tagesereignissen zu. Im Nu verging die Zeit und Dr. Ritter trank seinen letzten Schoppen aus. „Ich muss noch ein paar Kleinigkeiten im Kaufhof besorgen“, erklärte er seinen plötzlichen Aufbruch. „Sehen wir uns heute Abend beim Stammtisch?“

Zustimmendes Gemurmel war die Antwort. Wenig später löste sich die Stammtischrunde auf.

Erich Rottmann überlegte einen Augenblick, dann hatte er sich entschieden. Er würde sich noch ein Stündchen aufs Ohr legen, damit er später für das Gespräch mit Dr. Marillenbrand fit war. Vielleicht schaffte er es sogar, vorher mit Meyer zu telefonieren.

Zielstrebig marschierte er in Richtung Rosengasse.

*

ZUR GLEICHEN ZEIT schritt Gosbert Hufschlag, genannt Gossi, selbst ernannter Medienmogul von Würzburg, Geschäftsführer des regionalen Fernsehsenders und designierter Wahlkampfmanager der amtierenden Oberbürgermeisterin Dr. Ria-Magdalena Beckstein-Mannfeld, nachdenklich vor deren Amtscouch auf und ab. Er trug seinen einzigen grauen Anzug, dessen zu enges Sakko nur mühsam das über dem Bauch spannende Hemd kaschierte.

„Wir müssen einfach zusehen, dass wir zum richtigen Zeitpunkt eine medienwirksame Aktion starten, die den Blätterwald so richtig zum Rauschen bringt. Irgendetwas Spektakuläres, was unsere lieben Wahlbürger bis zum entscheidenden Tag der Stimmabgabe nicht vergessen … und“, er lächelte süffisant, „Ihre Gegner total aus den Socken haut und damit aus dem Rennen schmeißt.“ Gossi war zwar kein ausgesprochener Wahlkampfexperte, hatte aber in seinem Leben schon an so vielen Strängen gezogen, dass er sich auch für diesen Job durchaus berufen fühlte. Er hatte der Partei der Oberbürgermeisterin ein günstiges Angebot gemacht, das diese im Hinblick auf die leere Wahlkampfkasse nicht ausschlagen konnte.

Dr. Beckstein-Mannfeld und ihr Wahlkampfmanager hatten sich im Arbeitszimmer der Oberbürgermeisterin getroffen, um Strategien zu besprechen. Bis zur nächsten Wahl war zwar fast noch ein Jahr Zeit, aber die Gegner der derzeitigen Amtsinhaberin kamen bereits aus der Deckung und formierten sich. Der Wahlkampf hatte längst begonnen. Die ersten angriffsfreudigen Plakate waren bereits auf die Wahlbürger losgelassen worden.

„Soll ich mich vielleicht auf den Marktplatz stellen und Striptease tanzen?“ Dr. Ria-Magdalena Beckstein-Mannfeld, die junggebliebene, dynamische Chefin der Würzburger Stadtregierung, wirkte im Augenblick genervt. Ihre unruhigen Finger misshandelten gerade das unschuldige Lederkissen, das sie auf dem Schoß liegen hatte. Sie wusste, dass ihre Konkurrenten nur darauf lauerten, jeden noch so kleinen Fehler, den sie beging, zu ihrem Vorteil auszunutzen.

„Stimmt es wirklich, dass dieses Jahr alle Kandidaten an der Wallfahrt auf den Kreuzberg teilnehmen wollen?", wollte sie wissen.

Hufschlag blieb kurz stehen. „Scheint so. Den Kameraden ist wahrscheinlich eingefallen, dass Sie, Frau Oberbürgermeisterin, in der Vergangenheit bei der Bevölkerung Pluspunkte gesammelt haben, weil Sie jedes Jahr mit auf den heiligen Berg der Franken marschiert sind. Jetzt denken die, sie könnten damit auch ein bisschen punkten. Aber da würde ich mir keine so großen Sorgen machen. Das sind doch überwiegend unsportliche Bürohengste. Die meisten schaffen es vielleicht mal gerade bis Gramschatz. Wenn die Presse ihre Fotos gemacht hat, werden die sehr schnell ihre religiöse Verzückung überwinden und von der Bildfläche verschwinden. Allenfalls tauchen sie dann wieder beim Einmarsch in die Semmelstraße auf. Bei der Zwiewelkirwe grinsen sie dann scheinheilig in die Kameras."

„Ich weiß nicht", gab die Dr. Beckstein-Mannfeld zurück und legte das Kissen zur Seite. „Ich habe bei der ganzen Sache ein sehr ungutes Gefühl. Dieser Dominik Robenheuler macht ganz schön Wind. Der alte Tuchmacher steht voll hinter ihm und versorgt ihn mit Munition. Und da ist auch noch dieser Melvin Schwammerl und zu guter Letzt Dieter Thalrose. Das wird eine richtige Treibjagd."

Gossi Hufschlag schüttelte heftig den Kopf, dann schnappte er sich einen Stuhl, stellte ihn frontal vor die Oberbürgermeisterin und setzte sich rittlings darauf. Er schob sein sowieso schon leicht vorstehendes Unterkinn noch weiter nach vorne, was wohl energische Kampfeslust vermitteln sollte.

„Lassen Sie sich von den Typen nicht ins Bockshorn jagen. Einige Gesichter tauchen doch bei jeder Kommunalwahl in Würzburg auf und verschwinden danach ebenso zuverlässig wieder von der Bildfläche."

Dr. Rialena Beckstein-Mannfeld sah den Mann skeptisch an. Gossi Hufschlag tanzte gern auf allen Hochzeiten, ohne dass er jemals richtig tanzen gelernt hätte. Ihr Vertrauen in seine Wahlkampfstrategie, wenn man überhaupt von einer solchen sprechen konnte, hielt sich in Grenzen.

„Also, gut", erwiderte sie und erhob sich. „Wenn es Neuigkeiten gibt, rufen Sie mich bitte an. Sie haben ja meine Handynummer. Ich denke, heute kommen wir nicht mehr weiter."

*

Kurz nach eins erwachte Erich Rottmann von selbst. Grunzend erhob er sich von seiner Couch und fuhr sich mit den Fingerspitzen durch seine kurzgeschorenen weißen Haare. Es ging doch nichts über ein geruhsames Stündchen auf der faulen Haut.

Öchsle, der sich neben ihm unter dem Tisch ausgestreckt hatte, warf seinem Menschen einen prüfenden Blick zu. Die Mittagsruhe schien beendet zu sein. Der Rüde erhob sich daraufhin ebenfalls. Er dehnte und streckte sich, dabei gab er ein lautes Gähnen von sich.

„Junger Mann, jetzt wird mal was gearbeitet. Du kannst doch nicht den ganzen Tag verpennen."

Erich Rottmann zog seine Schuhe und seine Joppe an und stopfte die Pfeife. Eigentlich verspürte er leichten Hunger, aber für eine richtige Mahlzeit war jetzt keine Zeit mehr. Vielleicht schaffte er es noch, vor seinem Termin eine Kleinigkeit unterwegs zu sich zu nehmen.

Wenig später verließen Rottmann und Öchsle das Haus. Der Exkommissar warf einen schnellen Seitenblick zum Nachbarhaus. Von Elvira Stark war nichts zu sehen. Eiligen Schrittes wandte er sich in Richtung Sanderstraße, um von dieser dann in die Neubaustraße abzubiegen. Dort gab es ein paar Bäume, die Öchsle sofort entsprechend benutzte.

Der kürzeste Weg zum bischöflichen Ordinariat führte an der Frontseite der Neubaukirche vorbei in Richtung Bruderhof. Das Anwesen Domerschulstraße 2, wo Generalvikar Dr. Marillenbrand residierte, lag gegenüber der Theresienklinik.

Rottmann durchschritt das historische doppelflügelige Tor und betrat den mit Kopfsteinpflaster befestigten Marmelsteiner Hof, das von dem berühmten Baumeister Balthasar Neumann im Jahr 1774 errichtete Amtsgebäude für den damaligen Würzburger Dompropst. Nun saß hier die Diözesanverwaltung.

Der Pförtner in der Loge musterte die beiden Besucher mit neugierigen Blicken. Rottmann näherte sich der Glasscheibe. „Ich habe einen Termin bei Dr. Marillenbrand. Mein Name ist Rottmann. Erich Rottmann."

Der Mann sah auf eine Liste, dann nickte er. „Ja, Sie sind angemeldet. Gehen Sie bitte rechts die Treppe hinauf, ich öffne Ihnen dann die Tür."

Erich Rottmann nickte dankend. Der Summer ertönte, Rottmann und sein Hund betraten das Gebäude.

Er wusste nicht warum, aber er hatte erwartet, dass es hier nach brennenden Kerzen und Weihrauch riechen musste. Nichts davon traf zu. Im Gegenteil, der sehr weltliche Duft von frisch aufgebrühtem Kaffee schwebte durch den Flur. Gegen einen ordentlichen Kaffee hätte Rottmann jetzt auch nichts einzuwenden gehabt.

Durch den Wegweiser im Eingangsbereich fand er das Zimmer von Dr. Marillenbrand sehr schnell. An der Tür mit der Aufschrift „Vorzimmer Dr. Marillenbrand – Frau Eva Wespe“ blieb Rottmann stehen. Öchsle, der dicht bei ihm stand, sah sein Herrchen mit schief gelegtem Kopf fragend an.

„Wespe!“, las Rottmann laut. „Hm, hört sich irgendwie stachelig an.“ Dann klopfte er energisch an.

Die Aufforderung, einzutreten klang keineswegs „stachelig“. Rottmann trat ein, Öchsle folgte ihm auf dem Fuß.

Die Frau mittleren Alters hinter dem Schreibtisch betrachtete die beiden Besucher freundlich, wobei sie Öchsle eindeutig die größere Aufmerksamkeit widmete. Aber daran war Erich Rottmann schon gewöhnt.

„Grüß Gott!“, grüßte Rottmann und stellte sich kurz vor.

„Ah, ja“, erwiderte Frau Wespe, „Schwester Genoveva hat mir schon gesagt, dass Sie kommen würden. Nehmen Sie doch bitte einen Augenblick Platz.“ Sie wies auf die Sitzgruppe in der Ecke des großzügig geschnittenen Büros. „Ich werde ihr gleich Bescheid sagen.“ Sie griff zum Telefonhörer.

Es dauerte keine Minute, dann wurde die Tür schwungvoll geöffnet, und eine junge Frau in Zivilkleidung trat ein. „Grüß Gott, Herr Rottmann, ich bin Schwester Genoveva, die persönliche Assistentin von Dr. Marillenbrand. Vielen Dank, dass Sie so schnell kommen konnten. Ich werde dem Herrn Generalvikar sagen, dass Sie da sind.“ Dann stutzte sie und warf Öchsle einen Blick zu, fuhr dann aber fort: „Ihr Hund kann während der Besprechung hier bei Frau Wespe bleiben. Sie mag Tiere.“

Rottmann schüttelte entschieden den Kopf. „Tut mir leid, aber Öchsle ist es gewohnt, immer bei mir zu sein. Wenn der Herr Generalvikar mit mir reden will, muss er auch mit der Gegenwart meines Hundes vorliebnehmen. Er ist gewissermaßen mein Assistent.“ Rottmann grinste.

„Kein Problem!“, beeilte sich die Schwester zu versichern. Sie ging auf eine Verbindungstür zu, die sich, nachdem sie diese geöffnet hatte, als Doppeltür herausstellte. Sie klopfte an der inneren Tür an und trat ein.

„Herr Dr. Marillenbrand, Herr Rottmann ist jetzt da", hörte er sie sagen.

„Sehr schön!", ertönte eine sonore Stimme. „Er soll doch bitte hereinkommen!"

Einen Augenblick später wurde die innere Tür weit geöffnet, und der Generalvikar kam Erich Rottmann entgegen. Sein rundliches Gesicht, das von einer unstrukturierten, graumelierten Haartracht umrahmt wurde, strahlte Freundlichkeit aus, wiewohl seine Miene ernst war. Er trug einen einfachen schwarzen Anzug, darunter ein weißes Hemd ohne Krawatte, keinen Priesterkragen. Dr. Marillenbrand hielt Rottmann die Hand hin. Öchsle musterte er kurz mit einem leicht erstaunten Seitenblick, sagte aber nichts.

„Sie trinken doch sicher eine Tasse Kaffee?", fragte der Generalvikar und warf dabei seiner Sekretärin einen auffordernden Blick zu. Frau Wespe nickte und erhob sich.

Rottmann betrat vor Dr. Marillenbrand das geräumige, von hohen Bücherwänden dominierte Büro des Generalvikars.

„Nehmen Sie Platz", forderte der Dr. Marillenbrand seinen Gast auf und wies auf eine Sitzgruppe. Unter der gerahmten Fotografie des amtierenden Bischofs ließ sich Rottmann nieder. Öchsle suchte sich sofort einen Platz in einer ruhigen Ecke hinter seinem Herrchen. Dr. Marillenbrand und seine Assistentin ließen sich ebenfalls am Tisch nieder. Die Tür ging wieder auf, und Frau Wespe brachte ein Tablett herein.

Als alle Gesprächsteilnehmer mit Kaffee versorgt waren, begann Dr. Marillenbrand: „Lieber Herr Rottmann, Sie werden sich sicher gewundert haben, dass Sie von mir zu einem Gespräch gebeten wurden."

Rottmann nickte.

Der Generalvikar zögerte einen Augenblick, ehe er fortfuhr: „Wissen Sie, es geht hier um eine Sache, die, ich weiß nicht recht, wie ich es ausdrücken soll, die etwas … pikant ist. Ich habe in diesen Dingen keine Erfahrung, und als die Angelegenheit an mich herangetragen wurde, wusste ich zunächst nicht, was ich unternehmen sollte. Eines ist klar, sie darf nicht an die große Glocke gehängt werden, weil dies für uns höchst schädliche Folgen haben könnte."

Er nahm einen Schluck Kaffee, dann fuhr er fort: „Schwester Genoveva hat von Ihnen erfahren. Als sie Ihren Namen ins Spiel brachte, erinnerte ich mich daran, dass ich in der *Main-Postille* schon einiges über Sie und Ihre spektakulären Ermittlungserfolge in verschiedenen Fällen gelesen habe."

Erich Rottmann wurde ungeduldig. Wann kam der Mann endlich auf den Punkt? „Wie kann ich Ihnen denn behilflich sein?", fragte er daher dazwischen, um das zeitraubende Vorgeplänkel abzukürzen.

„Ja, lieber Herr Rottmann, helfen, das ist die richtige Bezeichnung." Er warf seiner Assistentin einen hilfesuchenden Blick zu.

Schwester Genoveva räusperte sich. „Was Ihnen der Herr Generalvikar sagen möchte, ist, dass wir in der Diözese den Todesfall eines Augustinerpaters zu beklagen haben, der, wie wir erfahren mussten, aufgrund der mysteriösen Begleitumstände bereits die Staatsanwaltschaft beschäftigt. Wir dachten, wir könnten die Öffentlichkeit aus der Sache heraushalten, bis wir heute diesen Artikel in der *Main-Postille* lesen mussten."

Sie griff neben sich und reichte Rottmann einen Ausriss aus der Zeitung.

Schnell überflog er die Schlagzeile:

„Zwei Leichen im Sarg?
Stadtrat Freiberger mit ungebetenem Mitschläfer im Sarg.
Wer ist der Unbekannte, mit dem sich der vor kurzem verstorbene Stadtrat Freiberger einen Sarg teilen musste? Ein Mitarbeiter der Friedhofsverwaltung machte nach der Aussegnung des ehemaligen Stadtrats einen erstaunlichen Fund. Der Stadtrat lag nicht allein im Sarg! Dem Vernehmen nach könnte es sich bei dem zweiten Toten um einen Priester handeln. Auf Nachfragen hielt sich die Staatsanwaltschaft bedeckt und auch von der Polizei waren keine erhellenden Erklärungen zu hören. Sollte hier ein Verbrechen vertuscht werden? Eigene Recherchen haben ergeben, dass es sich bei der Doppelbelegung aber auch um ein neues Bestattungskonzept eines bekannten Würzburger Beerdigungsinstituts handeln könnte. Nähere Einzelheiten hoffen wir in unserer morgigen Ausgabe berichten zu können.“

Eine diffuse Fotografie, die in den Text eingebunden war, zeigte mehrere Gestalten, die neben einem Sarg standen. Wenig aussagekräftig, aber gruselig genug, um die Leser zu fesseln und die Auflagenhöhe zu steigern.

Bei Erich Rottmann läuteten die Alarmglocken. Es war klar, welchen Todesfall Marillenbrands Assistentin meinte. Vorerst würde er aber die Tatsache, dass er an der Entdeckung der zweiten Leiche beteiligt war, für sich behalten. Er warf einen Blick auf die Initialen des Verfassers. Fast hätte er es sich denken können. CSK. Christian Schöpf-Kelle. Wie war der Bursche nur an diese Informationen gekommen?

„Wir hatten gehofft, die Angelegenheit stillschweigend erledigen zu können. Offenbar ist eine Krankheit die Ursache für den Tod des Priesters. Der Bericht mit seinen reißerischen Andeutungen ist wirklich höchst unerfreulich. Auf der anderen Seite gibt es in diesem Zusammenhang tatsächlich einige Begleitumstände, die wir gern mit Ihrer Hilfe aufgeklärt hätten.“

Dr. Marillenbrand ergriff wieder das Wort: „Was Schwester Genoveva anspricht, ist kein juristisches Problem. Es könnte allerdings in einem anderen Zusammenhang ein ziemlicher Prüfstein für unsere Kirche in Würzburg werden. Daher wollten wir Sie fragen und bitten, ob Sie uns in dieser Sache nicht helfen können – gewissermaßen als privater Ermittler, wenn ich das so sagen darf." Er sah Rottmann erwartungsvoll an.

Erich Rottmann hatte dem Kirchenmann aufmerksam zugehört. Natürlich hatte er schon erwartet, dass am Ende seiner Ausführungen eine derartige Bitte stehen würde. Er nahm einen Schluck Kaffee, dann erwiderte er: „Es ehrt mich natürlich sehr, dass Sie an mich gedacht haben, aber wenn ich ehrlich bin, kann ich mir nicht so richtig vorstellen, wie ich Ihnen in dieser Sache behilflich sein könnte. Sie haben sich sehr vage ausgedrückt."

Dr. Marillenbrand warf der Schwester einen auffordernden Blick zu, worauf sich diese erhob.

„Meine Herren, sie entschuldigen mich bitte? Ich habe noch einen dringenden Termin. Auf Wiedersehen, Herr Rottmann." Sie gab Rottmann, der sich erhob, die Hand, dann verließ sie das Büro ihres Vorgesetzten.

Nachdem die Doppeltür geschlossen worden war, stand Dr. Marillenbrand auf und lief angespannt im Arbeitszimmer hin und her. Öchsle hatte sich aufgesetzt und verfolgte den Generalvikar mit aufmerksamen Blicken. Sein Instinkt ließ ihn die Erregung des Mannes spüren.

„Lieber Herr Rottmann, die ganze Angelegenheit ist äußerst vertraulich. Nicht einmal meine Assistentin habe ich vollständig eingeweiht. Ich möchte Sie daher sehr herzlich bitten, von dem, was ich Ihnen jetzt anvertraue, nichts nach außen dringen zu lassen. Auch wenn Sie den Auftrag nicht annehmen. Ich kann mich auf Ihre Verschwiegenheit verlassen?"

Dr. Marillenbrand sah den Exkommissar forschend an.

Rottmann nickte zustimmend. „Machen Sie sich keine Gedanken, ich kann schweigen wie ein Grab." Erst nachdem der Generalvikar bei diesem Wort leicht zusammengezuckt war, wurde ihm die makabre Doppeldeutigkeit klar.

„Bei dem Priester handelt es sich um einen Augustinerpater aus dem Kloster Fährbrück. Normalerweise mischt sich das Ordinariat nicht in die inneren Angelegenheiten eines Ordens ein. Die Klöster sind in vielen Dingen weitgehend autark. Verstirbt ein Bruder, wird er in der Regel auf dem Friedhof des Klosters von seinen Mitbrüdern beigesetzt.

In vorliegendem Fall ist das aber höchst merkwürdig gelaufen. Der Prior hat mir auf meine Rückfrage erklärt, dass sich dieser Pater Leopold vom gemeinschaftlichen Ordensleben zurückgezogen hatte und mit Erlaubnis seines Ordensoberen als religiöser Eremit in einer Hütte in den Weinbergen leben wollte. Die Leiche wurde von einem Winzer gefunden, der zufällig an der Hütte vorbeikam und sich über den merkwürdigen Geruch wunderte, der nach außen drang.

Einige Zeit, nachdem sich der Pater in die Stille der Weinberge zurückgezogen hatte, brachte ein Landwirt einen Umschlag in Fährbrück vorbei. Er sagte, Pater Leopold habe ihn gebeten, das Kuvert im Kloster abzugeben, weil er sich gesundheitlich nicht dazu in der Lage sähe. Darauf stand: ‚Im Falle meines Todes zu öffnen'. Das haben die Augustiner dann getan. Der Umschlag enthielt eine Art Testament. Darin hatte der Pater bestimmt, dass er nach seinem Tode ohne Beisetzungsfeier verbrannt werden wollte." Dr. Marillenbrand schüttelte den Kopf. „Aus kirchlicher Sicht ein untragbarer Wunsch. Aber der Klosterrat beschloss, den letzten Wunsch ihres Bruders zu erfüllen. Da das Kloster nur über geringe Geldmittel verfügt, hat man nach längerer Beratung eine neue Bestattungsmethode gewählt, die ein Würzburger Bestattungsunternehmen anbietet. Angeblich soll es da eine, meiner Meinung nach, höchst fragwürdige Bestattungsmöglichkeit in einem Zwillingssarg geben …“

Rottmann unterbrach ihn. Er hatte sich entschieden, das Versteckspiel aufzugeben.

„Herr Dr. Marillenbrand, ich kann die ganze Sache vielleicht etwas abkürzen. Ich war aus Gründen, die hier keine Rolle spielen, zufällig dabei, als die zweite Leiche im Sarg des vor kurzem verstorbenen Stadtrats Freiberger entdeckt wurde. Hierbei handelte es sich den ganzen Umständen nach offensichtlich um den von Ihnen erwähnten Pater Leopold. Die Rechtsmedizin hat den Toten obduziert, weil zunächst nicht klar war, ob es sich tatsächlich um eine natürliche Todesursache handelte. Das ist aber, wie Sie schon sagten, zwischenzeitlich geklärt.“

Der Generalvikar riss erstaunt die Augen auf. „Dann wissen Sie ja schon alles!“ Nach einer kurzen Pause fuhr er fort: „Fast alles. Es gibt da einen Punkt in dem Brief des Toten, der uns Kopfzerbrechen bereitet.“

Er ging zu seinem Schreibtisch, öffnete eine Schublade und holte ein Blatt Papier heraus. Es handelte sich, wie Rottmann erkennen konnte, um die Faxkopie eines handgeschriebenen Textes.

„Lesen Sie“, sagte der Generalvikar und reichte Rottmann das Blatt hinüber. „Der Prior des Klosters hat mir das Schreiben zugefaxt, da unser Herr Bischof darin genannt wird.“

„Brüder“, begann der Schreiber, *„dass ich während meines irdischen Weges ständig an mir selbst zweifelte und dies jetzt, am Ende meines Lebens, immer noch tue, ist nicht eure Schuld. Mein Freund Gotthilf hatte Recht. Den Schwur zu brechen, bedeutete, den Fluch auf sich zu ziehen. Schon kurze Zeit, nachdem ich es*

getan hatte, beschleunigte sich meine Krankheit so schnell, dass ich keine Zeit mehr hatte, die Dinge wieder in Ordnung zu bringen. Jetzt muss ein anderer den Schatz nach Würzburg zurückholen. Bitte sorgt dafür, dass er den Weg zurück zu unserem ehrwürdigen Herrn Bischof findet. Eine Beschreibung, wie ihr das Geheimnis finden werdet, sucht bei meiner Hinterlassenschaft. Mich übergebt bitte ohne jegliche Zeremonie in aller Stille den Flammen. Das ist mein letzter Wunsch. Gott sei mir armen Sünder gnädig. Leopold"

Die letzten Zeilen schienen in zeitlichem Abstand geschrieben worden zu sein, denn sie boten ein unterschiedliches Schriftbild. Der Name war fast nicht zu lesen. Rottmann ließ das Blatt sinken.

„Wir haben keine Ahnung, was er mit diesem Fluch gemeint haben könnte. Wer ist dieser Gotthilf? Das alles klingt so wirr, dass es auch nur die Fieberfantasien eines Todkranken sein könnten."

„Gibt es sonst noch einen Hinweis auf diesen Schatz?"

Dr. Marillenbrand zuckte mit den Schultern. „Einige Tage nach dem Ableben des Paters waren der Prior und ein weiterer Bruder in Leopolds Hütte und haben sich dort umgesehen. Sie haben nichts gefunden. Diese Angelegenheit wirft so viele Fragen auf, auf die wir gern eine Antwort hätten."

„Was kann er mit diesem Schatz gemeint haben?"

Der Generalvikar ging zum Fenster und sah hinaus. Nach einer kurzen Pause drehte er sich um und erklärte: „Es gibt da ein Gerücht, dass schon kurz nach dem Krieg hier in der Diözese die Runde gemacht hat und niemals ganz zum Verstummen gekommen ist. Angeblich soll während des Krieges unter Bischof Ehrenfried von dessen Sekretär vor der Bombardierung von Würzburg ein geheimer Transport, möglicherweise von Devotionalien, nach Gramschatz durchgeführt worden sein. Einer der vielen Mythen, die irgendwann um ein Ereignis in der Geschichte gesponnen werden, die aber nicht unbedingt etwas mit der Wahrheit zu tun haben. Es gibt unserer Kenntnis nach keine Zeitzeugen mehr, die noch etwas wissen könnten. Viele Unterlagen sind bei der Vernichtung von Würzburg verbrannt. Auch insofern tappen wir im Dunkeln." Er sah Rottmann bittend an. „Wären Sie bereit, diskret etwas Licht in dieses mysteriöse Dunkel zu bringen?"

Bei der Nennung von Gramschatz runzelte Rottmann die Stirn. „Wissen Sie, dass ich in Gramschatz geboren und aufgewachsen bin? Es ist schon merkwürdig, dass der verstorbene Pater ausgerechnet zum Kloster Fährbrück gehört. Das ist, wie Sie sicher wissen, nur wenige Kilometer von Gramschatz entfernt. Wenn ich ehrlich sein soll, das sind für meinen Geschmack ein paar Zufälle zu viel." Er trank seine Tasse leer, dann hatte er sich entschieden. „Also gut, Herr Dr. Marillenbrand, ich werde mich mal umhören. Versprechen kann ich Ihnen aber nichts. Haben Sie eine Telefonnummer, unter der ich Sie immer erreichen kann?"

Dr. Marillenbrand griff in seine Tasche, holte ein Handy heraus und las dem Exkommissar seine Nummer vor. „Da erreichen Sie mich immer … es sei denn, ich bin in der Kirche, dann schalte ich es selbstverständlich aus."

Rottmann nickte, dann verabschiedete er sich.

Nachdenklich schlenderte er mit Öchsle über den Flur des Ordinariats in Richtung Ausgang. Seit er den Friedhof betreten hatte, um Freiberger die letzte Ehre zu erweisen, häuften sich die geheimnisvollen Ereignisse.

Nach Verlassen des Gebäudes atmete der Exkommissar erst einmal tief durch.

Plötzlich hörte er ein knurrendes Geräusch, das ihn in die Realität zurückholte. Keine Frage, das war ein deutlicher Notruf seines Körpers, der an eine regelmäßige Nahrungszufuhr gewöhnt war. Es wurde Zeit, dass er sich eine Stärkung gönnte. Eine Geknickte am Marktplatz war jetzt genau das Richtige. Er vollzog eine Wendung um neunzig Grad und marschierte zielstrebig in Richtung Marktplatz. Öchsle hielt sich dicht hinter ihm. So bestand keine Gefahr, dass seine Pfoten unter die Schuhsohlen hektischer Passanten kamen.

*

CHRISTIAN SCHÖPF-KELLE und der aussichtsreiche Nachwuchspolitiker Dominik Robenheuler, saßen an diesem Nachmittag am Marktplatz vor dem *Café Michel* in der Sonne und gönnten sich einen Eiskaffee. Robenheuler trug eine dunkle Sonnenbrille. Offenbar glaubte er, so nicht erkannt zu werden. Wahrscheinlich hätte diese Gefahr aber sowieso nicht bestanden. Die vorbeihastenden Menschen schenkten den Müßiggängern an den kleinen Tischen kaum Beachtung.

„Mein Gott, Schöpf-Kelle, Sie werden doch irgendetwas mitbekommen haben! Sonst hören Sie doch auch in der Stadt das Gras wachsen! Es muss etwas mit Gramschatz zu tun haben. Kennen Sie das kleine Kaff im Gramschatzer Wald?"

„Klar!" Der Reporter dachte sich seinen Teil. Dass dieser Robenheuler ihn heute hierherbestellt hatte und ihm nun regelrecht Löcher in den Bauch fragte, hatte sicher einen tieferen Grund, den er bisher aber noch nicht erkennen konnte.

„Nach meinen Erkenntnissen muss dort eine Kiste mit irgendwelchen wertvollen religiösen … Gegenständen lagern. Irgendetwas Bedeutendes, das man im Zweiten Weltkrieg dorthin geschafft hat, um es in Sicherheit zu wissen."

Robenheuler drückte sich sehr vorsichtig aus, weil er nicht wollte, dass Schöpf-Kelle zu viele Fakten erfuhr, bevor er ihn nicht sicher geködert hatte. Der Bursche brachte es sonst fertig und recherchierte auf eigene Faust, nur um an eine Story zu kommen.

„… und was ist an dem alten Kram so interessant?“, wollte Schöpf-Kelle wissen, während er am Strohhalm saugte.

Robenheuler schüttelte den Kopf. „Zunächst einmal müssen Sie mir versprechen, dass der Inhalt dieses Gesprächs vertraulich bleibt und Sie darüber nichts veröffentlichen.“

Der Reporter sah sein Gegenüber nachdenklich an, dann erwiderte er: „Ich bin Journalist und lebe davon, dass ich solche interessanten Informationen unter die Leute bringe. Warum sollte ich das in diesem Fall nicht tun?“

Robenheuler kaute nachdenklich auf der Unterlippe. Was er hier machte, war ein Spiel mit dem Feuer. Wenn Schöpf-Kelle nicht dichthielt … Aber was sollte er machen? Er kam ohne Hilfe nicht weiter, und die Herrschaften in München wollten langsam Ergebnisse sehen.

„Nun, wenn Sie mir versprechen, dass Sie das, was ich Ihnen jetzt sage, gleich wieder vergessen, könnten wir uns später noch ein wenig tiefgehender unterhalten.“

Schöpf-Kelle überlegte einen Augenblick, dann sagte er: „Gut, versprochen. Lassen Sie mal hören.“

„Spinnen wir doch einmal ein bisschen herum. Stellen Sie sich einfach vor, dass unsere derzeitige Oberbürgermeisterin bei der nächsten Wahl aus irgendwelchen Gründen nicht mehr als Kandidatin antritt …“

Der Journalist hob verwundert die Augenbrauen. Jetzt wurde es wirklich interessant!

„… und stattdessen ein anderer Kandidat aufgestellt wird, der mit entsprechender Unterstützung dann auch gewählt wird. Dieser andere Kandidat benötigt selbstverständlich nach seiner Wahl einen Pressesprecher …“ Robenheuler sah Schöpf-Kelle über den Brillenrand hinweg an. „Natürlich würde sich der neugewählte Oberbürgermeister dann der Menschen erinnern, die ihn auf seinem Weg dorthin unterstützt haben. Ist das für Sie ein interessantes Thema?“

Schöpf-Kelle verschlug es nun doch die Sprache. Wollte dieser Robenheuler gar andeuten, dass er … Der Journalist beschloss, so zu tun, als würde auf die Sache eingehen. Im schlechtesten Fall kam dabei für ihn eine Hammerstory heraus.

„Hört sich wirklich sehr interessant an“, gab er zurück. „Können Sie mir sagen, wie dieser Alternativkandidat es schaffen will, dass die derzeitige Amtsinhaberin nicht mehr antritt? So wie es im Augenblick aussieht, dürfte Dr. Beckstein-Mannfeld kaum Schwierigkeiten haben, wiedergewählt zu werden.“ Fast hätte er hinzugefügt: Weil es eigentlich keine wirkliche Alternative gibt, verkniff es sich aber. Dieser Robenheuler schien sehr von sich überzeugt zu sein. Warum sollte er ihm die Laune verderben?

„Das soll mal nicht Ihre Sorge sein“, gab Robenheuler schroff zurück. „Wenn Sie mir die gewünschte Information schnell beschaffen, kann das eine wesentliche Hilfe auf dem Weg zu diesem Ziel sein.“ Er griff in die Brusttasche seiner Jacke. „Hier, das habe ich bekommen. Vielleicht hilft es Ihnen weiter.“ Er gab Schöpf-Kelle eine Fotokopie der Nachricht aus der Kirchturmkugel von St. Cyriakus in Gramschatz.

Der Journalist las die Botschaft aus der Vergangenheit mehrmals durch. „Wo haben Sie das her?“

„Spielt das eine Rolle? Finden Sie raus, was dran ist, dann können wir uns weiter unterhalten.“

Schöpf-Kelle rührte nachdenklich mit dem Strohhalm in seinem Glas herum. Pressesprecher Christian Schöpf-Kelle. Das klang wirklich verdammt gut. Was konnte es schaden, wenn er sich einmal ein bisschen umhörte?

„Also gut“, sagte er, „ich werde mal sehen, was ich herausfinden kann. Solange schreibe ich auch nicht über die Sache. Versprochen! Aber Sie können Gift darauf nehmen, dass ich Sie, falls Sie mir hier einen Bären aufgebunden haben, in der Presse nach Strich und Faden auseinandernehmen werde.“ Er trank den letzten Schluck und erhob sich. „Sie hören wieder von mir.“ Er warf einen Blick auf sein Glas – „Ich nehme an, ich bin eingeladen. Vielen Dank!“ – und eilte über den Marktplatz davon.

Es war schon merkwürdig. Vor einige Tagen erst der Priester im Doppelsarg, der zum Kloster Fährbrück gehörte. Und jetzt eine geheimnisvolle Botschaft aus Gramschatz, das nur wenige Kilometer von Fährbrück entfernt lag. Wenn es da keinen Zusammenhang gab, würde er eine ganze *Main-Postille* verspeisen.

Der Journalist eilte zum Parkplatz. Zunächst wollte er sehen, ob sich etwas über die Sache im Internet finden ließ. Anschließend konnte er seine Kontakte im Ordinariat anzapfen. „Pressesprecher Schöpf-Kelle!“, murmelte er leise vor sich hin, als er seinen Wagen vom Parkplatz fuhr. „Klingt wirklich verdammt gut!“

Robenheuler sah Schöpf-Kelle mit zusammengekniffenen Augen hinterher. Es war sicher gut, wenn er dem windigen Burschen nicht zu sehr vertraute.

*

ELVIRA STARK ZOG DEN PAPIERKORB unter dem Schreibtisch der Oberbürgermeisterin hervor und trug ihn zu ihrem Putzwagen. Als Reinemachefrau auf der Chefetage des Grafeneckarts gehörte diese Tätigkeit zu ihren Aufgaben. Die Abfalleimer der Führungsriege enthielten immer wieder brisante Notizen oder Papiere, die nicht in falsche Hände kommen durften und dem Aktenvernichter zugeführt werden mussten.

Normalerweise leerte Elvira den Abfall sofort in den blauen Sack, der an ihrem Putzwagen hing. Doch als sie den Papierkorb hochhob, hörte sie ein klapperndes Geräusch. Sofort schob sie energisch alle Papiere zur Seite. Ganz unten, unter einem gelben Blatt Papier, kam eine Getränkedose zum Vorschein.

„Hab ich's mir doch gedacht! Da hat so ein Dreckbär wieder mal nichts von Mülltrennung gehört!", schimpfte sie erbost vor sich hin. Es konnte nur ein Besucher der Oberbürgermeisterin gewesen sein, denn Dr. Rialena, wie Elvira Stark ihre Chefin nannte, war in diesen Dingen sehr gewissenhaft.

Sie hob die Büchse heraus und steckte sie in die Tasche ihrer Kittelschürze. Plötzlich stutzte sie. Durch die Bewegung war ein zerknülltes Blatt so gewendet worden, dass sie den Namen „Rottmann" entziffern konnte. Der Name des Exkommissars und ihrer Jugendliebe machte sie nun doch neugierig. Langsam griff Elvira in den Papierkorb und holte das Blatt heraus.

Es handelte sich um eine E-Mail, gerichtet an die Oberbürgermeisterin. Absender war Gosbert Hufschlag, der Wahlkampfmanager der Oberbürgermeisterin.

Elvira vergewisserte sich, dass sie nicht beobachtet wurde, dann las sie den Text:

„Hallo, Frau Oberbürgermeisterin", stand da, *„habe bezüglich unseres letzten Strategiegesprächs eine gute Nachricht. Nach meinen Erkenntnissen dürfte die Lösung für unser PR-Problem in Gramschatz zu finden sein. Der Weg bei der Kreuzbergwallfahrt führt doch durch dieses Dorf. Näheres mündlich.*

Grüße, Gossi Hufschlag

PS: Bitte behandeln Sie diese Nachricht absolut vertraulich, da ich gehört habe, dass auch ein gewisser Rottmann an der Sache dran ist."

Kurzentschlossen strich Elvira das Blatt über dem Griff ihres Putzwagens glatt, dann faltete sie es und steckte es in die andere Tasche ihrer Kittelschürze. Sie würde es Erich Rottmann zeigen. In welcher Sache steckte ihr Erich da wieder drin? Vielleicht konnte sie mit diesem Papier ihrem spröden Schwarm ein paar Informationen entlocken? Sie hätte nur gar zu gern gewusst, was er ihr da wieder verheimlichte.

In diesem Augenblick ging einige Büros weiter eine Tür auf und Uli Düse, der hochgewachsene blonde Pressesprecher der Oberbürgermeisterin, eilte mit einem freundlichen Lächeln und einem fröhlichen Gruß an Elvira vorüber. Er war einer der wenigen, die um diese Zeit noch arbeiteten.

Elvira Stark stand schlagartig der kalte Schweiß auf der Stirn. Ob er gesehen hatte, wie sie das Papier einsteckte? Eigentlich konnte das nicht sein. Da erlaubte sie sich einmal eine kleine Unkorrektheit und schon wäre sie fast dabei erwischt worden!

*

Erich Rottmann stand an der Haltestelle an der Juliuspromenade und wartete auf die Straßenbahn. Nachdem er sich am Marktplatz gestärkt hatte, hatte er kurz entschlossen Gottfried Meyer in der Rechtsmedizin angerufen. Dabei hatten sich die beiden zu einem Schoppen in der *Juliusspitalweinstube* verabredet. Normalerweise ging Rottmann, was Weinlokale in Würzburg anging, nicht „fremd“. Aber das, was er mit Meyer zu besprechen hatte, wollte er nicht im *Maulaffenbäck* erledigen, weil ihn dort einfach zu viele Leute kannten. Ein aufgeschnapptes Wort und er würde sich von seinen Stammtischbrüdern wieder Löcher in den Bauch fragen lassen müssen.

Öchsle saß hinter seinem Herrchen und schnupperte interessiert in die nahegelegene Juliusspital-Bäckerei hinein, aus der ein verführerischer Duft nach frischem Brot auf die Straße drang.

Ein paar Minuten später kam die Straßenbahn der Linie 1 um die Ecke und hielt vor Rottmann an. Gottfried Meyer stieg aus dem hinteren Wagenteil und sah sich suchend um. Rottmann winkte ihm zu, dann marschierte er schon in Richtung Klinikgasse und damit auf den Haupteingang des Juliusspitalweinguts zu.

„Grüß dich, Erich“, rief Meyer, der ihn schnell eingeholt hatte, und schüttelte dem Exkommissar die Hand. Dann bückte er sich herunter und fuhr Öchsle über den Kopf.

„Das finde ich eine wirklich gute Idee, dass du mir wieder mal einen Schoppen ausgeben willst“, stellte der Präparator der Gerichtsmedizin fest und grinste Rottmann an. „Und das so völlig ohne Hintergedanken.“

Rottmann lächelte säuerlich zurück. Die beiden kannten sich sehr gut. Rottmann hatte den Bediensteten der Rechtsmedizin schon häufiger als Dankeschön für wertvolle Informationen zum Schoppen eingeladen, eine in Franken durchaus geläufige Währung, die zudem nicht unter Bestechung fiel – zumindest nicht in Weinfranken.

Wenig später hatten sie ihre Plätze eingenommen und waren mit Wein versorgt.

„Wohlsein!“, prostete Rottmann Meyer zu und kostete. Zufrieden grunzend stellte er fest, dass der Silvaner hier ebenfalls genießbar war.

„Also, Erich, jetzt lass mal die Katze aus dem Sack“, fiel Gottfried Meyer gleich mit der Tür ins Haus, nachdem er sein Glas abgestellt hatte. „Welcher meiner Kunden hat denn diesmal dein Interesse geweckt?“

„Wenn ich richtig informiert bin, habt ihr doch den Priester obduziert, der in diesem doppelbelegten Sarg lag. Kannst du mir etwas Genaueres zur Todesursache mitteilen? Deichler hat mir nur gesagt, dass kein Fremdverschulden vorliegt."

Meyer rieb mit dem Zeigefinger den feuchten Beschlag des Weinglases ab. „Das ist grundsätzlich richtig. Wir haben keine Anhaltspunkte dafür gefunden, dass da jemand nachgeholfen hat … allerdings … die eigentliche Todesursache ist schon äußerst ungewöhnlich."

Rottmann hob wie elektrisiert den Kopf. „Was du nicht sagst!"

„Ja. Er starb an einer schweren Leberzirrhose, nicht ausgelöst, aber massiv beschleunigt durch *Aspergillus flavus.*"

Der ehemalige Leiter der Mordkommission hatte schon viele Bezeichnungen für Todesarten gehört. Aber *Aspergillus flavus* war für ihn Fachchinesisch, mit dem er nichts anfangen konnte. „Was soll das bitte sein? Mit mir musst du deutsch reden."

„*Aspergillus flavus* ist ein Schimmelpilz. Er ist auch bekannt unter dem Begriff ‚Fluch der Pharaonen'."

Jetzt verstand Rottmann erst recht nur Bahnhof. „Sag mal, willst du mich auf den Arm nehmen? Du behauptest doch nicht etwa, dass ein Schimmelpilz aus Ägypten die Todesursache bei diesem Pater ist?"

Gottfried Meyer lehnte sich zurück und begann zu dozieren: „Also, Erich, jetzt pass mal auf. *Aspergillus flavus* verbreitet sich in der Luft und im Boden. Er bildet sich auf Samen, Getreide oder auch Heu. Die Sporen können bis zu fünfhundert Jahre überleben. ‚Fluch des Pharao' hat man ihn deshalb genannt, weil eine ganze Anzahl von Forschern, die damals bei der Öffnung des Grabes des ägyptischen Königs Tutanchamun dabei waren, wenig später überraschend verstarben. Dort im Grab hat man den Pilz später erstmals bestätigt und später als

Todesursache bei den Menschen erkannt. Es gibt ihn auch hier in Deutschland. Voraussetzung ist, dass er günstige Lebensbedingungen findet. Der Pilz beziehungsweise seine Sporen greifen in erster Linie vorgeschwächte menschliche Organe an. Da sterben Menschen an den verschiedensten Krankheiten, ohne dass erkennbar wird, dass dieser Pilz eine Rolle spielt. Wir sind durch Zufall auf ihn gestoßen."

Rottmann saß da und sah ihn mit offenem Mund an.

Meyer, zufrieden mit dem Eindruck, den er bei dem Exkommissar hinterlassen hatte, nahm einen kräftigen Schluck von seinem Schoppen.

„Aber der Hammer kommt erst noch", fuhr er fort. „Vor zwei Wochen hat ein niedergelassener Landarzt aus Rimpar uns die Sputumprobe eines verstorbenen Patienten übersandt. Der Arzt ist ein Studienkollege eines unserer Doktoren. Du wirst es nicht glauben, in der Probe war ebenfalls *Aspergillus flavus* feststellbar."

„Das würde ja bedeuten, dass beide Männer zuvor mit diesem Pilz in Berührung gekommen sein müssen", überlegte Rottmann laut.

„... oder die Sporen eingeatmet haben. Scharf kombiniert", stellte Meyer spöttisch fest.

„Wo kann das geschehen sein?"

„Der Pilz gedeiht in feuchtwarmer Umgebung. Als Substrat genügt ihm, wie ich schon sagte, der unterschiedlichste pflanzliche Nährboden. Ideal ist beispielsweise ein längere Zeit abgeschlossener feuchtwarmer Kellerraum oder dergleichen. Dann entwickelt sich der Bursche prima. Er ist dann ein richtiger Killer!"

Erich Rottmann war voll konzentriert. „Kann man den Pilz oder die Sporen jemandem bewusst zuführen, zum Beispiel wie Gift über die Nahrung?"

Gottfried Meyer zuckte mit den Schultern. „Keine Ahnung. Jedenfalls ist mir nicht bekannt, dass schon einmal ein solcher Mordfall in der Literatur erwähnt wurde. Wir haben den Pilz bei dem Priester auch nur entdeckt, weil wir von der Leber des Toten Proben genommen haben und untersuchen ließen. Wir wollten ausschließen, dass er aus Afrika irgendeinen Erreger eingeschleppt hat. Wir dachten dabei mit Sicherheit nicht an so etwas Exotisches!"

„Kannst du mir sagen, wo dieser erste Patient lebte, bei dem ihr ebenfalls diesen *Aspergillus flavus* festgestellt habt?", fragte Rottmann.

„Soweit ich weiß, war er aus Gramschatz."

Rottmann zuckte innerlich zusammen, versuchte aber, sich nichts anmerken zu lassen. Schon wieder sein Heimatdorf! Jetzt gab es keinen Zweifel mehr, dass es dort in Gramschatz eine tödliche Gefahr gab, die noch von keinem erkannt worden war. Er musste etwas unternehmen! Unruhig rutschte der Exkommissar auf seinem Stuhl herum. Es fiel ihm schwer abzuwarten, bis Meyer sein Glas endlich leergetrunken hatte. Aber er riss sich zusammen. Auf keinen Fall durfte er diese so wertvolle Quelle verprellen.

Endlich, nach einer Stunde, sah Meyer auf die Uhr und stellte fest, dass seine Straßenbahn in wenigen Minuten fuhr. Gemeinsam verließen sie das Lokal.

Öchsle verstand die Welt nicht mehr, als er sich mit seinem Herrchen dem *Maulaffenbäck* näherte, Rottmann aber keinerlei Anstalten machte, die Weinstube zu betreten. Als sein Mensch am Eingang vorbeimarschierte, blieb der Rüde abrupt stehen und fiepte laut. Aber Erich Rottmann winkte ab – „Heute nicht, mein Freund. Ich muss einmal in Ruhe nachdenken" – und marschierte weiter.

Beim Betreten seines Wohnhauses in der Rosengasse sah Rottmann durch die Sehschlitze des Briefkastens einen hellen Schimmer. Es war eine kurze Nachricht: „Bitte um eiligen Rückruf! Marillenbrand“ stand darauf. Während er die Treppe zu seiner Wohnung hinaufstieg, bewegten ihn die verschiedensten Gedanken.

In den beiden letzten Tagen hatten sich die Ereignisse wirklich überschlagen. Es hatte mit der Aussegnung Freibergers und dem zweiten Toten im Sarg angefangen. Dann kam jeden Tag ein neues Ereignis hinzu, die aber alle irgendwie miteinander in Verbindung zu stehen schienen. Immer wieder führten Spuren nach Gramschatz. Und jetzt bekam er auch noch eine Botschaft von Generalvikar Marillenbrand.

Kaum hatte er seine Wohnung betreten, griff Rottmann auch schon zum Telefon. Wenn Dr. Marillenbrand ihm eine solche Nachricht hinterließ, war Not am Mann.

„Marillenbrand“, meldete sich die sonore Stimme des Generalvikars.

„Hier Rottmann“, meldete sich der Exkommissar. „Was gibt es denn so Dringendes?“

Dr. Marillenbrand sprach mit gesenkter Stimme. „Danke, dass Sie gleich zurückgerufen haben. Wir müssen uns dringend treffen. Kommen Sie doch bitte um 22 Uhr ans Käppele. “ Damit war das Gespräch auch schon beendet.

Rottmann ließ sich auf seine Couch fallen, stopfte sich ein Kissen unter den Kopf und starrte zum Fenster hinaus.

Um halb zehn verließ Erich Rottmann mit Öchsle das Haus. Er öffnete die Garage und fuhr seinen alten VW-Käfer heraus. Das gut erhaltene Gefährt wurde von Rottmann gehegt und gepflegt und nur in seltenen Ausnahmefällen benutzt.

Der Exkommissar ließ Öchsle in den Fußraum vor dem Beifahrersitz springen, dann setzte er sich hinter das Steuer.

Begleitet von dem typischen Knattern des Käfermotors fuhr Rottmann die Rosengasse entlang und bog mit einer knallenden Fehlzündung nach rechts in die Sanderstraße ein.

Elvira Stark, die noch immer in ihrer neuen Wohnung herumputzte, hörte das Motorengeräusch und eilte zum Fenster. Verwundert sah sie das Fahrzeug um die Ecke verschwinden. Wieso war Erich um diese späte Stunde noch mit dem Auto unterwegs? Dann rief sie sich sofort wieder zur Ordnung. Sie hatte sich ernsthaft vorgenommen, sich nicht in das Privatleben ihres neuen Nachbarn einzumischen. Zumindest nicht mehr, als unbedingt nötig, verbesserte sie sich dann. Durch den Renovierungsstress war sie auch noch nicht dazugekommen, ihm die E-Mail aus dem Papierkorb der Oberbürgermeisterin zu zeigen.

Rottmanns VW-Käfer nahm die Steige zur Frankenwarte langsam, aber stetig. Wenig später bog er auf den Parkplatz am Käppele ein und machte den Motor aus. Nachdem er ausgestiegen war, ließ er auch Öchsle herausspringen. Der Rüde suchte sofort die nächstgelegenen Büsche auf. Rottmann schlenderte derweilen weiter in Richtung Käppele. Er war früh dran. Es gab keinen Grund zur Eile.

Der Exkommissar lehnte sich gegen die Mauer, die das künstliche Plateau, auf dem das Käppele errichtet war, zur Stadt hin begrenzte, und sah auf Würzburg hinunter. Von hier aus hatte man eine herrliche Aussicht und konnte genau die Straßen verfolgen, die wie Adern die Stadt durchzogen.

Plötzlich begann Öchsle warnend zu knurren. Rottmann drehte sich um und sah Dr. Marillenbrand auf sich zukommen.

„Ruhig, Öchsle", beruhigte Rottmann seinen Hund, „du kennst ihn doch."

Als der Rüde den Generalvikar witterte, begann er mit dem Schwanz zu wedeln.

„Schön, dass es mit dem Termin geklappt hat", sagte Dr. Marillenbrand mit gedämpfter Stimme. „Ich schlage vor, dass wir ein Stück gehen."

Wenig später schlenderten sie langsam nebeneinander her in Richtung Frankenwarte. Marillenbrand kam schon nach wenigen Schritten zur Sache. „Nach unserem Gespräch hatte ich den Archivar der historischen Dokumentensammlung angewiesen, die Unterlagen früherer Bischöfe nach Hinweisen auf diesen mysteriösen Schatz zu durchsuchen, der angeblich in Gramschatz vergraben sein soll. Natürlich hat er gleich bei der Hinterlassenschaft von Bischof Matthias Ehrenfried nachgesehen, sehr gründlich, wenn ich das sagen darf. Dabei hat er zwischen den Seiten eines Neuen Testaments einen Umschlag mit einem Brief gefunden, der offenbar von dem persönlichen Sekretär des Bischofs, Konstantin Brockmann, verfasst worden war. Der Inhalt ist höchst brisant."

Marillenbrand griff in seine Jackentasche und holte ein zusammengefaltetes Papier heraus. „Dies ist selbstverständlich nur eine Fotokopie. Lesen Sie, dann werden Sie verstehen, warum ich in großer Sorge bin."

Die beiden setzten sich auf eine Parkbank, dann faltete Rottmann das Papier auseinander. Der Text war nur kurz, löste bei ihm aber eine starke Betroffenheit aus. Langsam ließ Rottmann das Blatt auf seinen Schoß sinken. „Der Text ist offensichtlich nicht vollständig. Unten, wo er wahrscheinlich den Fundort beschrieben hat, fehlt ein Stück der Seite."

„Ja, das Blatt war gedrittelt gefaltet. Das untere Drittel wurde abgetrennt. Vielleicht ist es auch nur verloren gegangen. Das Papier ist von sehr schlechter Qualität und schon sehr porös. Was mich stutzig gemacht hat, ist die Tatsache, dass der Umschlag auf der einen Seite völlig ausgeblichen war, so als wäre er mit einer Seite nach oben liegend längere Zeit dem

Licht ausgesetzt gewesen. Da er aber in dem Buch steckte, hätte dies eigentlich nicht passieren dürfen."

Rottmann kombinierte: „Sie meinen, jemand hat nachträglich das Kuvert in das Buch gesteckt? Dann könnte der Unbekannte auch den Brief manipuliert haben."

Marillenbrand zuckte mit den Schultern. „Merkwürdig ist es auf jeden Fall. Aber ich denke, der Rest des Textes sagt schon genug aus. Verstehen Sie jetzt meine Sorge? Wenn das die Öffentlichkeit erfährt, gibt es einen unglaublichen Skandal! Wir müssen uns ernsthaft überlegen, was wir machen können, um dies zu vermeiden."

Die beiden saßen noch über eine Stunde auf der Parkbank und diskutierten Maßnahmen, wie sie das drohende Unheil abwenden konnten.

Als Erich Rottmann seine Wohnung wieder betrat, war es bereits weit nach Mitternacht. Öchsle war sichtlich müde und verdrückte sich sofort in sein Körbchen, Rottmann hingegen war innerlich so aufgewühlt, dass es fast schon tagte, als er endlich in einen unruhigen Schlummer fiel.

*

ES WAR IN DERSELBEN NACHT, als der schlanke Mann mit dem schütteren Haar und dem schmalen Oberlippenbärtchen seinen schwarzen Anzug auszog und ihn ordentlich über einen Bügel in den Schrank hängte. Das weiße Hemd, das er trug, warf er in die Box für schmutzige Wäsche. Dann griff er sich die Zivilkleidung, die er sich zurechtgelegt hatte: ein kariertes Hemd und abgewetzte Jeans, und zog sie an. Er war aufgeregt. Das Vorhaben, das er in den nächsten Stunden durchzuführen gedachte, war äußerst riskant und dazu blasphemisch. Wenn er dabei ertappt wurde, war er erledigt. Auf der anderen Seite sah er darin die einzige Möglichkeit, noch zu seinem Recht zu kommen. Ohne Gewalt, durch eine Art Gottesurteil!

Er griff sich eine Sporttasche, in der sich ein dunkler Kunststoffoverall, eine Packung mit dicken Gummihandschuhen und mehrere medizinische Mund-Nasen-Filter befanden. In einer kleinen Segeltuchtasche steckte ein zusammengelegter Klappspaten. Er stopfte den Spaten in die Tasche und zog den Reißverschluss zu.

Einen Augenblick zögerte er noch, dann nahm er die Schlüssel vom Brett und verließ seine Wohnung.

Den ganzen Tag über war es heiß gewesen, am Nachmittag hatte es dann zu regnen begonnen und es hatte stark abgekühlt. Schon jetzt wallten Dunstschleier durch die noch immer erhitzten Straßen der Bischofsstadt.

Der Mann eilte durch die Hofstraße in Richtung Residenzplatz, wo er in der Nähe des Frankoniabrunnens ein Kastenwagenmodell eines französischen Herstellers geparkt hatte. Es handelte sich hierbei um einen unauffälligen Leihwagen mit einem Düsseldorfer Kennzeichen.

Nachdem er am Kassenautomaten die Gebühr bezahlt hatte, näherte er sich dem dunkelgrünen Fahrzeug. Mit der Fernbedienung entriegelte er es, öffnete die Schiebetür und warf die Tasche auf den Beifahrersitz. Dabei vergewisserte er sich, dass die Frachtstücke, die er zuvor in den Kofferraum gelegt hatte, noch immer vorhanden waren. Dann setzte er sich hinter das Steuer. Nachdenklich ließ er seinen Blick über den dunstigen Residenzplatz wandern. Noch konnte er sein Vorhaben abbrechen. Noch war nichts geschehen, was man nicht hätte rückgängig machen können.

Schließlich siegte sein Ehrgeiz, und der kurze Moment des Zweifelns war vorüber. Er startete den Motor und rollte langsam vom Parkplatz.

Zuerst fuhr er in Richtung Schweinfurt. Schon nach wenigen Kilometern bog er ab, um nach Rimpar zu gelangen. Von dort erreichte er zügig die schmale Landstraße, die nach Gramschatz führte. Je näher er dem Dorf kam, desto vernebelter wurde die Sicht.

Seine Züge verzogen sich zu einem Grinsen. Man konnte es nur einen Geniestreich nennen, dass es ihm gelungen war, sich unbemerkt die Generalschlüssel zu besorgen, mit denen er sowohl ins Archiv als auch in alle anderen Räume des Ordinariats und des Bischofssitzes hatte gelangen können. Auf diese Weise war er, nachdem er von den Gerüchten um einen vergrabenen Kirchenschatz in Gramschatz gehört hatte, an den letzten Brief des Sekretärs von Bischof Ehrenfried gekommen. Zuerst hatte er nur den letzten Abschnitt an sich genommen, um keine Aufmerksamkeit zu erregen. Als er jedoch bemerkt hatte, dass sich auch der Archivar des Ordinariats für die Hinterlassenschaft von Ehrenfried interessierte, hatte er den vollständigen Brief beiseitegeschafft.

Die Häuser von Gramschatz lagen in völliger Dunkelheit. Die Dorflampen hatten kaum eine Chance, mit ihrem trüben Licht den dichten Nebel zu durchdringen. Ein Umstand, der dem nächtlichen Besucher sehr gelegen kam.

Vor einem Anwesen an der Hauptstraße hielt er an, dann schaltete er das Licht des Wagens aus. Er wartete noch einen Augenblick. Außer einer Katze, die über die Straße huschte, war aber kein Lebewesen unterwegs.

Der Mann griff sich die Tasche und stieg aus. Die Innenbeleuchtung des Fahrzeugs war ausgeschaltet. Vorsichtig drückte er die Tür in die Rasterung.

Schnell öffnete er die Pforte zu dem Grundstück und stellte die Tasche ab. Dann eilte er zum Auto und holte mit der gleichen Lautlosigkeit eine größere Kiste aus dem Kofferraum.

Die Kofferraumtür lehnte er nur an. Anschließend betrat er endgültig das Grundstück und schloss die wackelige Pforte hinter sich.

Drinnen zerrte er hastig den Overall aus der Tasche und zog ihn über seine Kleidung. Die Gummihandschuhe steckte er in die Brusttasche der Arbeitskleidung, den Mundschutz streifte er sich über den Kopf und ließ ihn an einem Gummiband vor der Brust baumeln.

Als er vor dem Eingang zum Rübenkeller stand, griff er sich den Dietrich, den er mitgebracht hatte. Wie gut, dass sein Vater eine Schlosserwerkstatt betrieben hatte. Dort hatte er als Junge einiges mitbekommen, was ihm jetzt sehr nützlich war. Das Schloss ließ sich ohne größere Schwierigkeiten öffnen.

Mit Hilfe einer Taschenlampe konnte er die rutschigen Stufen des Kellers problemlos hinabsteigen.

Als er kurz darauf feststellen musste, dass an der bewussten Stelle Grabspuren zu erkennen waren, erschrak er zutiefst. Wer war ihm zuvorgckommen? Sollte alles umsonst gewesen sein?

Er legte die Taschenlampe auf den Boden, so dass er einigermaßen sehen konnte. Mit Hilfe des Klappspatens begann er hastig zu graben. Fast hätte er einen Jubelschrei ausgestoßen, als er schon nach wenigen Spatenstichen auf Widerstand stieß. Kurze Zeit später hatte er die Kiste freigelegt.

Vor lauter Erregung hatte er völlig vergessen, den Mundschutz anzulegen und die Gummihandschuhe überzuziehen. Dies holte er jetzt schnell nach. Dann räumte er das Erdreich rund um die Kiste heraus, bis sie freilag. Mit Hilfe der an den Seiten angebrachten abklappbaren Metallgriffe hob er das schwere Behältnis leise ächzend aus der Grube, in der es Jahrzehnte gelegen hatte.

Das Material musste Edelstahl sein, denn die Kiste war zwar angelaufen und verkratzt, aber sonst unversehrt. Er wischte grob das Erdreich ab und trug sie über die Treppe nach draußen. Er hatte mehrere reißfeste Plastiksäcke mitgebracht, die er nun in Schichten über das Behältnis zog. Am Ende band er die Öffnungen mit einem Kabelbinder fest zusammen.

Tief atmete er aus. Jetzt konnte ihm eigentlich nichts mehr passieren. Trotzdem ließ er die Schutzkleidungsstücke noch an.

Er griff sich die mitgebrachte Holzkiste, in der es seltsam gluckerte, und trug sie in den Keller hinunter. Schnell war sie in dem Erdloch versenkt, dann schaufelte er Erde darüber.

Eine gute halbe Stunde später war er tropfnass geschwitzt, aber die Kiste war vergraben. Zum Schluss trat er noch die Erde fest und strich sie mit dem Klappspaten glatt. Nachdem er den Keller wieder verschlossen hatte, zog er Overall, Mundschutz und Gummihandschuhe aus und schob sie in die Plastiktüte. Er bemerkte, dass seine Schuhe voller Erde waren. Das war jetzt nicht zu ändern. Er wollte schleunigst weg von hier.

Mit einem kurzen Blick vergewisserte er sich, dass er unbeobachtet geblieben war. Er verstaute schnell das Paket im Kofferraum und glitt hinter das Steuer. Als er das Lenkrad anfasste, bemerkte er, dass er sich an der Innenfläche der Hand eine Blutblase zugezogen hatte. Er war körperliche Arbeit nicht gewohnt.

Wer immer vor ihm dort gegraben hatte, hatte die Kiste nicht mitgenommen. Merkwürdig. Aber ihm konnte es egal sein. Er hatte sein Ziel erreicht.

Nachdem er kurz durchgeatmet hatte, startete er den Motor und fuhr in Richtung Würzburg. Es war noch einiges zu erledigen, bevor er sein Bett aufsuchen konnte, um wenigstens noch etwas Schlaf zu bekommen. Am nächsten Morgen würde er um sieben Uhr vor dem Altar stehen und eine Messe lesen.

Christian Schöpf-Kelle hatte über seine Quellen bei der Polizei erfahren, dass der „dazugelegte Pater“, wie er ihn nannte, an einer höchst ungewöhnlichen Pilzinfektion verstorben war. Wenn er diese Erkenntnis und die Information, die er von Robenheuler bekommen hatte, miteinander verglich, musste die Keimzelle dieses tödlichen Pilzes irgendwo in Gramschatz liegen. Wobei sich der Journalist nicht wirklich vorstellen konnte, dass alter Messwein die Ursache sein konnte. Die Nachricht aus der Kirchturmkugel von St. Cyriakus war seiner Meinung nach verschlüsselt worden.

Mal abgesehen davon, dass Robenheuler hinter der Wahrheit her war, war auch sein Interesse als Journalist geweckt. Sollte sich hinter der Botschaft aus der Vergangenheit tatsächlich etwas anderes verbergen, als es vordergründig schien, war mit Sicherheit eine spannende Story drin.

Schöpf-Kelle beschloss kurzerhand, nach Gramschatz zu fahren. Es musste doch mit dem Teufel zugehen, wenn es in dem Dorf nicht doch noch lebende Zeitzeugen gab, die sich an diese Begebenheit während des Krieges erinnern konnten. Einen Versuch war es allemal wert.

Schöpf-Kelle stieg in seinen alten Kombi und fuhr in das Dorf, das möglicherweise ein gefährliches Geheimnis barg.

Wohin ging man in einem Ort, den man mit dem Auto in einer Minute nach allen Richtungen durchqueren kann, wenn man eine Information haben will? Klarer Fall, ins Wirtshaus.

Gramschatz hatte davon zwei. Als Schöpf-Kelle um die Kirche herum in die Arnsteiner Straße einbog, stieß er direkt darauf: *Goldener Hirsch* und *Goldene Krone,* direkt nebeneinander gelegen. Ein bisschen viel Gold für seine Begriffe.

Da es im Prinzip gleichgültig war, mit welcher Wirtschaft er anfing, parkte er sein Fahrzeug vor der *Krone*, weil da mehr Platz war, und betrat die Gaststube. Es war später Nachmittag, aber außer einem älteren Paar, offenbar Wanderer, saß nur noch ein alter Mann allein an seinem Tisch im Eck und warf ihm misstrauische Blicke zu.

Schöpf-Kelle musste innerlich grinsen. Selbst im 21. Jahrhundert wurden Fremde in kleinen unterfränkischen Dörfern mit einer angeborenen Zurückhaltung behandelt.

Der Reporter musterte den Mann, dann ging er auf den Tisch zu und ließ sich auf den Stuhl ihm gegenüber fallen.

„Was dagegen?", fragte er dabei mit einem kurzen fragenden Blick.

Der Alte brummte nur kurz und trank dann sein Bierglas mit einem langen Schluck leer. „Albrecht, lass noch amal die Luft raus!", rief er quer durch die Gaststube in Richtung Tresen und deutete auf sein Glas.

„Mir auch eins!", schloss sich Schöpf-Kelle an. Er schätzte, dass der Mann so um die achtzig sein musste. Der Haarwuchs war schütter, die Haare graumeliert, fett und ungekämmt. Sein Gesicht war von Falten zerfurcht, und seine Hände zitterten leicht. Der leicht wässrige Blick zeugte davon, dass er um diese Tageszeit wohl schon einige Biere intus hatte und, wie Schöpf-Kelle vermutete, das wahrscheinlich nicht nur heute. Der Mann trug eine mausgraue Anzugjacke, die auch schon bessere Tage gesehen hatte. Darunter konnte man über einem karierten Hemd einen abgewetzten Blaumann erkennen. Sein Körper strömte einen strengen Geruch aus. Eine Mischung aus Stallparfüm und altem Schweiß. Schöpf-Kelle ignorierte das, er hatte in seinem Job schon Schlimmeres gerochen.

„Wo kommst'n her?", fragte der Alte und taxierte den Journalisten mit seinen Blicken.

„Würzburg“, gab der knapp zurück. „Sind sie Gramschatzer?“

„Ich läb in Gramscht seit ich wäss! Nur im Kriech war ich amal kurz in Russland. Dann ham mir die Iwans awwer enn Heimatschuss verpasst.“ Unaufgefordert beugte er seinen Kopf und schob mit den Fingern ein paar Haarbüschel zur Seite. Es wurde eine tiefe Delle im Schädel erkennbar.

Schöpf-Kelle atmete zufrieden durch. Sie waren schneller zum Thema gekommen, als er gehofft hatte.

Der Wirt brachte die beiden Biere und stellte sie ab. „Prost!“, sagte er. Dabei warf er beiden einen kritischen Blick zu. Wahrscheinlich konnte er nicht verstehen, warum sich der neue Gast ausgerechnet zu dem Alten an den Tisch gesetzt hatte, wo doch jede Menge andere Plätze frei waren.

Dieser Gedanke war durchaus berechtigt, denn es gehörte eigentlich zur guten Sitte in Unterfranken, dass man sich, solange noch ein Tisch frei war, an diesen setzte. Unterfranken ließen nur ungern Fremde in ihre Intimsphäre eindringen. Und es gab kaum etwas Intimeres als den Hock an einem Wirtshaustisch.

Die beiden prosteten sich zu, dann tranken sie. Während sich der Journalist den Bierschaum von den Lippen wischte, fragte er: „Gramschatz ist vom Krieg wohl ziemlich verschont geblieben?“

Der Alte zuckte mit den Schultern. „Hier war ja nix zu hole. Die junge Kerl ware e an der Front … Awwer warum willst’n des wiss?“

„Ich bin Journalist und recherchiere für ein Buch“, gab Schöpf-Kelle eine bereitgelegte Erklärung zum Besten.

„So“, entgegnete der Alte, dann nahm er einen langen Zug von seinem Bier. „Bücher schreibst du. Dann musst du ja enn Haufe Geld hab.“

Schöpf-Kelle lachte. „Schön wär's!" Dann wurde er wieder ernst. „Ich habe gehört, dass gegen Ende des Krieges hier etwas geschehen ist, worüber man im Dorf womöglich nicht so gern spricht …" Er sah sein Gegenüber aufmerksam an. Ob der Alte merkte, dass er nur auf den Busch klopfte?

„So, des hast du g'hört." Er hob sein Glas und leerte es, dann deutete er mit der Hand darauf. „Die Luft da herinne ist ziemlich trocke, findst nit a?"

Schöpf-Kelle hatte verstanden. Er drehte sich zum Wirt und gab ihm ein Zeichen, dass er dem Alten ein weiteres Bier einschenken sollte.

Als der Wirt das Bier an den Tisch brachte, brummte er: „Na, Schmöckler, hast wieder enn Dumme gfunde …?"

„Halt dei dumms Maul!", gab der Alte zurück und nahm einen Schluck. Dann erklärte er mit gesenkter Stimme: „Meenst du die zwä Würzburcher, die sie damals erschosse im Wald gfunne ham?"

Schöpf-Kelle nickte nur unbestimmt mit dem Kopf. Er hatte das Gefühl, dass er hier in der *Goldenen Krone* auf eine Goldader gestoßen war.

„Damals hat mer gsacht, dass die zwä Fahnenflüchtiche warn, die von der SS erschosse worn sinn. Des hat awwer nit g'stimmt. A paar Tach später hat sich rausg'stellt, dass des zwä Pfarrer oder so was Ähnlichs warn. Da ham se se awwer scho eingegrabe g'habt."

„Weiß man, warum die beiden in Gramschatz waren?"

Der alte Bauer beugte sich nach vorne, wobei Schöpf-Kelle eine ordentliche Brise Stallaroma abbekam. Mit verschwörerisch gesenkter Stimme erklärte er: „Du hast recht, die Leut rede wirklich nit gern drüber. Die ham damals angeblich was aus'm Dom von Würzburch hergebracht und bei uns irchendwo versteckt. Angeblich solls a Kiste voll Messwein gewese sei.

Awwer des gläbb i nit. Ich tipp eher auf wertvolle Kelche oder so Kirchezeuch halt. Damits dem Feind nit in die Händ fällt."

Schöpf-Kelle zitterte innerlich vor Anspannung. „Weiß man auch, wo diese Kiste vergraben wurde?"

Der Alte zuckte mit den Schultern. „Des wäss kenner. Beziehungsweis, die, dies gewusst ham, sinn alle scho übern Jordan, wenn de wässt, was i meen." Er sah in sein zwischenzeitlich schon wieder geleertes Glas. „Was is, gibst no ens aus?"

Schöpf-Kelle gab dem Wirt erneut ein Zeichen, der sofort ein weiteres Glas unter den Zapfhahn hielt. Der Alte schluckte wirklich was weg.

Als das nächste Glas Bier vor ihm stand, fuhr der Alte von sich aus fort: „Damals, so red mer, war der alte Weißhügel dabei, damals war er natürlich noch jung. Der is vor a paar Woche plötzlich abgenibbelt. Unn da war a no der junge Kornberger. Der is dann später ins Kloster unn dann nach Afrika zu die Schwarze gange." Er nahm einen tiefen Schluck. „Wässt, blötzlich, vor a paar Woche war er widder da. Die Leut ham gsacht, dass er drübe in Retscht in so ennere Hüdde haust. Wie ich ghört hab, hat er awwer a scho den Löffel abgäwe."

„Wo wohnte er?" Schöpf-Kelle hatte ihn nicht verstanden.

„Na, in Retscht, in Retzstadt halt! Verstehst du ke Deutsch?"

Nach dieser Information verstummte der alte Bauer fast übergangslos. Schlagartig schien der Alkohol seine Wirkung zu zeigen. Oder er wollte auf das Thema nicht weiter eingehen. Jedenfalls stierte er plötzlich vor sich auf die Tischplatte und nahm von Schöpf-Kelle keine Notiz mehr.

Der Journalist stand schließlich auf und ging zum Tresen, um die Rechnung zu bezahlen. Diese Quelle war für heute versiegt. Aber er hatte mehr erfahren, als er sich erhofft hatte.

Während der Wirt das Wechselgeld herausgab, bemerkte er beiläufig: „Was der alte Schmöckler erzählt, musst du fei nit alles gläbb. Der verzählt den Fremden immer so Zeuch, damit sie ihm a Bier spendiern."

Schöpf-Kelle grüßte und verließ die *Goldene Krone.* Es mochte schon sein, dass der alte Bauer etwas dick aufgetragen hatte, aber ein Körnchen Wahrheit musste schon dabei sein, denn die Aussagen deckten sich in weiten Bereichen mit seinen Informationen. Hier in diesem Dorf gab es ein tödliches Geheimnis, daran gab es keinen Zweifel mehr.

Besonders interessant schien ihm der Hinweis auf den Pater. Vielleicht würde es etwas bringen, einmal in der Hütte nachzusehen. Jedenfalls konnte es nichts schaden. Bis Retzstadt waren es nur ein paar Kilometer. Er setzte sich in sein Auto und fuhr los.

Ein alter Winzer, der in seinem Weinberg arbeitete, gab ihm den entscheidenden Hinweis. Wenig später erreichte Schöpf-Kelle die Hütte. Sie lag versteckt unter mehreren Laubbäumen. Nachdem Schöpf-Kelle sich davon überzeugt hatte, dass er nicht beobachtet wurde, betätigte er den Türdrücker. Erstaunt stellte er fest, dass nicht abgeschlossen war. Hastig trat er ein. Er hatte keine Lampe dabei. Durch die rissigen Fensterläden kam ein wenig Licht. Schöpf-Kelle glaubte noch immer den Geruch des Todes wahrzunehmen. Soweit es ihm bei dem Dämmerlicht möglich war, durchsuchte er den Raum. Das Ergebnis seiner Nachforschungen war so dürftig wie die Einrichtung. Schließlich wandte er sich wieder zur Tür. Da fiel sein Blick auf ein Buch mit schwarzem Einband. Es war ein abgegriffenes Gebetbuch. Darunter schaute ein Blatt Papier hervor. Schöpf-Kelle zog es hervor und warf einen kurzen Blick darauf. Es war auf der Vorder- und der Rückseite beschrieben. Am Ende befand sich noch eine zitterige Zeichung.

Adressat sollte offenbar Bischof Mannhof sein, denn es begann mit „Hochwürdiger Herr Bischof". Nachdem er zwei

Drittel des Textes gelesen hatte, trat dem abgebrühten Journalisten der kalte Schweiß auf die Stirn. Wenn das nicht die Fantasien eines Verrückten waren, hatte er gerade eine Sensation entdeckt. Fluchtartig stürmte er aus der Hütte und warf sich in sein Auto.

Eine Stunde später stand er im Wohnzimmer seines Auftraggebers und erstattete ihm erregt Bericht. Robenheuler las den Text mehrmals durch, dann ließ er sich auf einen Sessel fallen. Auch er war völlig sprachlos. Mit der Begründung, ein vertrauliches Gespräch führen zu müssen, komplimentierte er Schöpf-Kelle schließlich hinaus. Er versprach ihm, am nächsten Tag die weiteren Schritte mit ihm zu besprechen.

Als er allein war, griff er zum Telefon und wählte mit klopfendem Herzen die ihm bekannte Nummer in der Staatskanzlei in München. Er fühlte sich siegessicher.

Nachdem er seinem Gesprächspartner berichtet hatte, was er soeben erfahren hatte, wurde es einige Zeit still in der Leitung, dann entgegnete der andere knapp: „Können Sie mir den Text zufaxen? Ich rufe Sie dann später zurück."

Robenheuler beeilte sich, dem Wunsch nachzukommen. Nachdem das Fax durchgelaufen war, setzte er sich in einen Sessel und wartete voller Anspannung.

Es dauerte bis in die Abendstunden, bis das Telefon wieder läutete. Die vertraute Stimme kam aus dem Hörer.

„Lieber Robenheuler, vielen Dank für diese wirklich interessante Information. Umso mehr bedauere ich, Ihnen sagen zu müssen, dass sich mittlerweile unsere Geschäftsgrundlagen von Grund auf geändert haben. Wir sehen uns leider gezwungen, zukünftig auf Ihre Mitarbeit zu verzichten."

Robenheuler traf diese fast emotionslos vorgetragene Nachricht wie ein Schlag ins Gesicht. „Ja, aber … warum?", stammelte er, nur mit Mühe seine Fassung wahrend.

„Ach, mein Freund, tragen Sie es wie ein Mann. Sie wissen doch, wie das ist in diesem Politikgeschäft. Wir haben eine kleine Meinungsumfrage durchgeführt. Dabei ist herausgekommen, dass Ihre Chancen, das Amt zu erringen, eher gering sind. Hingegen sind die Werte der Amtsinhaberin deutlich gestiegen. Wir setzen nun mal auf Gewinner. Das werden Sie sicher verstehen. Alles Gute!" Aprupt wurde die Verbindung unterbrochen.

Es dauerte einige Zeit, ehe der junge Politiker kapiert hatte, dass man ihn soeben gnadenlos ausgebootet hatte. Einfach so.

*

AM GLEICHEN ABEND läutete bei Gosbert Hufschlag zu später Stunde das Telefon. Er hob ab und meldete sich.

„Sie sind der Wahlkampfmanager der Oberbürgermeisterin?", fragte eine kultivierte Stimme, ohne dass sie ihren Namen nannte.

Gossi bejahte. Als Medienmensch waren ihm solche anonymen Anrufe nicht unbekannt. Es gab immer wieder einmal Mitmenschen, die ein Interesse daran hatten, auf die Unzulänglichkeiten anderer Mitbürger hinzuweisen, und dies veröffentlicht wissen wollten. Ganz selbstlos, versteht sich.

„Dann hören Sie gut zu", fuhr der Anrufer fort. „Es gibt Kreise, die ein Interesse daran haben, dass die derzeitige Amtsinhaberin im nächsten Jahr wiedergewählt wird. Unsere, sagen wir mal, frankenfreundliche Interessengruppe sieht keine personelle Alternative. Wahltaktisch wäre es sicher von Vorteil, wenn es Frau Dr. Beckstein-Mannfeld möglich wäre, nach den vielen unerfreulichen Ereignissen in ihrer Stadt dem Wahlvolk eine richtige Sensation zu bieten, die ihren Beliebtheitsgrad schlagartig in die Höhe katapultiert."

Hufschlag war hellwach. Das war nicht der Anruf eines Denunzianten, das war klar.

„Und was soll das sein?“, fragte er vorsichtig nach. „Und was haben Sie für ein Interesse daran? Und vor allen Dingen, wer sind Sie?“

„Zu viele ‚und‘, mein Freund, und zu viele Fragezeichen. Merken Sie sich ganz einfach, was ich Ihnen jetzt sage! Ihre Chefin soll wie jedes Jahr an der Wallfahrt auf diesen Kreuzberg teilnehmen. Sie soll sich aber darauf einrichten, dass sie nur bis zu dem Dorf Gramschatz kommen wird. Dort wird es ein sehr medienwirksames Ereignis geben. Sagen Sie ihr das bitte. Ich werde Sie zur gegebenen Zeit wieder anrufen und Ihnen weitere Instruktionen geben.“

„Ja, und …“

Das Belegtzeichen im Hörer machte Gosbert Hufschlag klar, dass das Gespräch beendet war. Er legte auf und starrte auf sein halbleeres Bierglas. Was hatte dieser Anruf zu bedeuten?

In einer spontanen Regung wollte er sofort Dr. Rialena Beckstein-Mannfeld anrufen und ihr von dem Anruf berichten. Dann zögerte er jedoch. Das hatte auch noch Zeit bis morgen. Er musste erst einmal darüber nachdenken, was dieser Anruf für Konsequenzen haben konnte.

Am nächsten Morgen, kurz nach acht Uhr, klingelte es an Rottmanns Wohnungstür. Öchsle ließ einen verwunderten Beller hören. Erich Rottmann, der wegen der unruhigen Nacht noch ziemlich unausgeschlafen im Schlafanzug herumgeisterte, tappte zur Tür. Wahrscheinlich der Postbote. Der Schlitz von Rottmanns Briefkasten war relativ schmal, so dass die Postzusteller dickere Sendungen an der Tür abgeben mussten.

Es war aber nicht der Postmann. Elvira Stark stand vor der Tür und strahlte Rottmann fröhlich an: „Guten Morgen, Erich“, zwitscherte sie munter, „entschuldige, dass ich schon um diese Zeit störe, aber ich dachte mir, dass du schon wach sein würdest. Hundebesitzer sind ja bekanntlich Frühaufsteher.“

Während sie redete, schlüpfte sie kurzerhand an Rottmann vorbei in die Wohnung. Der Exkommissar richtete verlegen seine Schlafanzughose und fasste die Jacke an der Brust zusammen.

„Erich, du brauchst dich nicht zu genieren! Ein gestandenes Mannsbild wie du kann sich auch im Schlafanzug sehen lassen!“

Ein Ausspruch, der Erich Rottmann eher noch verlegener machte.

Öchsle saß in seinem Körbchen und musterte mit schief gelegtem Kopf die quirlige Besucherin. Dann erhob er sich, um sich ein paar Streicheleinheiten abzuholen. Der Rüde hatte diesbezüglich wesentlich weniger Berührungsängste als sein Herrchen.

„Setz dich bitte“, brachte Rottmann hervor, „ich bin gleich wieder da.“ Dann hastete er ins Bad und zog sich seinen Bademantel über.

„Möchtest du einen Kaffee?", fragte Rottmann, als er im ordentlich zugeschnürten, rot-blau-weiß gestreiften Frotteemantel zurückkam.

„Ja, gern", erwiderte Elvira, die Gunst der Stunde nutzend, „ich hab auch noch nicht gefrühstückt."

Rottmann tappte in die Küche und hantierte an der Kaffeemaschine. Elvira kam hinterher.

„Dann werde ich schon mal den Frühstückstisch decken", schlug sie vor und öffnete wie selbstverständlich einen der Hängeschränke.

Erich Rottmann war mittlerweile klar, dass er um ein gemeinsames Frühstück nicht herumkam. Kritisch musterte er den Inhalt seines Kühlschranks. Als Junggeselle hatte er zwar keine größeren Vorräte, aber für ein kleines Frühstück zu zweit würde es schon noch reichen. Er musste die Angelegenheit ja nicht ausufern lassen. Ehrlich gesagt, war Rottmann schon ein bisschen neugierig, was Elvira zu ihm geführt hatte. Ihr früher Besuch musste ja einen Grund haben.

Kaum hatte sich Rottmann gegenüber Elvira hinter seiner vollen Kaffeetasse am Tisch niedergelassen, ließ sie auch schon die Katze aus dem Sack. Sie griff in ihre Handtasche und holte ein zusammengefaltetes Blatt Papier heraus.

„Das habe ich im Papierkorb unserer Frau Oberbürgermeisterin gefunden", erklärte sie. „Normalerweise schnüffle ich nicht im Abfall von Dr. Rialena herum, aber als ich deinen Namen gelesen habe, wurde ich doch neugierig."

Rottmann las die E-Mail mit gerunzelter Stirn durch. Als er sie schließlich wortlos neben seine Tasse legte, hielt es Elvira nicht mehr aus. „Jetzt sag halt schon, was damit gemeint ist. Das klingt ja richtig geheimnisvoll!"

Rottmann rutschte unruhig auf seinem Stuhl herum. Schließlich sagte er: „Elvira, das kann ich dir wirklich nicht erzählen. Nicht jetzt. Vielleicht irgendwann später. Das musst du verstehen!"

Elvira verstand gar nichts. Sie wollte auch nichts verstehen. Ihr ging die Geheimniskrämerei ganz schön auf die Nerven.

„Na gut", sagte sie spröde. Ihre Stimme war plötzlich so kalt, dass ein Eiszapfen erfroren wäre. „Ich hoffe, dass dir das Papier wenigstens etwas nützt." Sie erhob sich. „Ich habe noch jede Menge zu tun." Damit wandte sie sich zum Ausgang.

„Elvira … der Kaffee. Mein Gott, ich kann doch wirklich nicht …" Er sprang auf und folgte ihr. Da fiel die Tür bereits ins Schloss.

„Mist!", schimpfte Rottmann und ließ sich auf seinen Stuhl zurückplumpsen. Diesmal war sie richtig sauer.

Während sich der Exkommissar wenig später im Bad fertig machte, grübelte er über seinen Fall nach.

Da gab es einen Augustinerpater, der an einer ungewöhnlichen Todesursache verstorben war. Einen Pater, der geplant hatte, für den Rest seines Lebens in einer Hütte über den Weinbergen ein Eremitendasein zu führen. Einen Kirchenmann, der nicht in seinem Kloster bestattet werden wollte. Und da war die Bitte des bischöflichen Generalvikars an ihn, die Todesursache des Paters herauszufinden. Ausgelöst durch den Artikel dieses Schöpf-Kelle, der offenbar die Untersuchung der Staatsanwaltschaft an der Aussegnungshalle mitbekommen hatte.

Zudem hatte Rottmann von Dr. Marillenbrand erfahren, dass hinter den ganzen Aktionen schwerwiegende Geschehnisse der Vergangenheit standen. Der Inhalt des Schreibens aus dem Nachlass des Bischofs hatte ihm die ungeheure Dimension dieses Falles eröffnet.

Da war zudem diese merkwürdige E-Mail an die Oberbürgermeisterin, deren Inhalt darauf schließen ließ, dass auch diese Informationen über den Fall hatte, die sie irgendwie für sich nutzen wollte. Fragte sich nur, wie? Kannte sie etwa auch den Inhalt des Briefes aus der Vergangenheit?

Was Rottmann am meisten berührte, war die Tatsache, dass letztlich alle Spuren in sein Heimatdorf Gramschatz führten. Ein Ort, den er schon seit vielen Jahren nicht mehr besucht hatte. Er hatte dort schon lange keine Verwandten mehr.

Das Klingeln des Telefons riss den Exkommissar aus seinen Gedanken. Er wischte sich die Zahncreme von den Lippen und eilte zum Apparat.

„Hier Marillenbrand", meldete sich der Anrufer knapp. „Ich muss Ihnen etwas Wichtiges mitteilen."

So wie die Stimme des Generalvikars klang, schien die Mitteilung sehr ernster Natur zu sein.

„Bei nochmaligen Nachforschungen nach dem fehlenden Textteil haben wir feststellen müssen, dass nun das gesamte Schreiben verschwunden ist. Jemand hat die Nachricht an sich genommen oder gar beseitigt. Es gibt nur wenige Personen, die einen Schlüssel zum Archiv haben. Unsere Sorge ist, dass das Papier in die falschen Hände gelangt sein könnte. Außerdem lässt sich seine Existenz jetzt nicht mehr nachweisen."

Rottmann verstand. Marillenbrands Sorge war sicher nicht unberechtigt.

„Deshalb möchte ich Sie bitten, nach Retzstadt zur Hütte des Paters zu fahren, um die Aufzeichnungen über den Fundort der bewussten … Gegenstände zu finden, von denen Pater Leopold in seinem Abschiedsbrief geschrieben hat. Dass er das Versteck aufgesucht haben muss, ergibt sich ja wohl aus der Tatsache, dass er mit dem Pilz infiziert war."

Rottmann überlegte einen Augenblick, dann stimmte er dem Vorhaben zu. Die beiden wechselten noch einige Sätze, dann verabschiedeten sie sich.

Rottmann überlegte einen Augenblick. Weil er die Nachforschungen in der Hütte erst am Abend erledigen wollte, wenn keine Winzer mehr in den Weinbergen arbeiteten, konnte er jetzt ebenso gut zum Stammtisch gehen. Er hatte sowieso das Gefühl, dass seine Gewohnheiten von dieser Geschichte immer mehr in den Hintergrund gedrängt wurden. Dabei sollte man als Pensionist doch einen geregelten Lebensabend pflegen. Kurzerhand brach er auf und marschierte mit Öchsle los in Richtung *Maulaffenbäck*.

„Wahrscheinlich weißt du es schon“, erklärte Dr. Horst Ritter, „weil du ja die engeren Kontakte zur Regierungsetage im Rathaus hast.“ Es war klar, dass er damit auf Rottmanns Bekanntschaft mit Elvira Stark anspielte. „Ein Bekannter aus dem Rathaus hat mir erzählt, dass die Oberbürgermeisterin bei der diesjährigen Wallfahrt auf den Kreuzberg mit einer echten Sensation an die Presse herantreten will. Weißt du Näheres?“

Ron Schneider und Xaver Marschmann, die ebenfalls regelmäßig den Frühschoppen pflegten, sahen Rottmann erwartungsvoll an.

„Keine Ahnung“, gab er zwischen zwei Bissen Leberkäs von sich. Er war froh, dass er dank des Essens seine Überraschung etwas überspielen konnte. Woher hatten die Burschen nur schon wieder diese Information? Das Rathaus war wirklich so löcherig wie ein Schweizer Käse.

Ritter kniff das linke Auge zu und musterte sein Gegenüber kritisch. Als er überzeugt war, dass Rottmann wirklich überrascht war, lehnte er sich zufrieden zurück. Es war selten, dass der Stammtisch Nachrichten aus dem Rathaus vor Erich Rottmann erfuhr.

Die Stammtischbrüder wunderten sich, als sich Erich Rottmann heute ungewöhnlich frühzeitig vom Frühschoppen verabschiedete. Er begründete das damit, dass er noch etwas zu erledigen habe und sich dann wegen der schlechten letzten Nacht etwas früher hinlegen wolle.

Nach einem ausgiebigen und sehr erfrischenden Mittagsschlaf unternahm Rottmann einen Spaziergang mit Öchsle am Main entlang bis nach Randersacker, wo er in der *Weinstube Urlaub* einen ordentlichen Silvaner genoss.

Kurz vor 21 Uhr fuhr er seinen VW-Käfer aus der Garage und brach in Richtung Retzstadt auf.

Die Hütte des verstorbenen Paters in den Weinbergen fand er ohne Probleme. Er parkte sein Fahrzeug zwischen zwei Bäumen und stieg aus.

Nachdem er Öchsle herausgelassen hatte, näherte er sich dem Eingang der Hütte. Es war ein aus Stein gemauertes Weinbergshäuschen. Richtig idyllisch, fand Rottmann.

Als er die unverschlossene Tür öffnete, schlug ihm muffige Luft entgegen. Die Fensterläden waren geschlossen, so dass innen kaum etwas zu erkennen war.

„Öchsle, du wartest hier“, befahl er seinem vierbeinigen Begleiter. Der Rüde legte sich brav unter einen Baum.

Rottmann ging zu seinem Auto und holte die vorsorglich mitgebrachten Gummihandschuhe und einen Mundschutz heraus. Letzteren band er sich sofort um. Schließlich wusste er, woran der Pater gestorben war.

Rottmann trat ein, öffnete ein Fenster und schlug den Laden nach außen auf. Die Inneneinrichtung der Hütte war spartanisch und befand sich in einem Zustand, der vermuten ließ, dass sich bis jetzt noch niemand um die Hinterlassenschaften des verstorbenen Paters gekümmert hatte.

Langsam ließ Rottmann seinen erfahrenen Blick durch den Raum schweifen. Er wollte die Atmosphäre auf sich wirken lassen.

Der Boden der Hütte bestand aus zusammengeschraubten

Spanplatten. Überall waren Erdspuren von groben Schuhprofilen zu erkennen.

Am Kopfende des Bettes stand ein Stuhl, auf dem Arbeitsklamotten ungeordnet herumlagen. Erich Rottmann griff sich eine Hose und tastete die Taschen ab. Nichts. In den Hosenaufschlägen bemerkte er gelbbraune Erdkrümel. Unter dem Stuhl standen feste Schuhe, die unter den Sohlen und an den Seiten gleichfarbige Erdanhaftungen hatten.

Rottmann überlegte kurz, dann verließ er die Hütte und holte aus dem Käfer mehrere Plastiktüten. Vorsichtig stopfte er die Kleidungsstücke und die Schuhe in den Sack. Er würde Meyer bitten, die Textilien zu untersuchen. Vielleicht konnte man dort die Sporen des gefährlichen Pilzes feststellen.

Danach durchsuchte er systematisch den einzigen Schrank, der im Raum stand. Irgendwelche Papiere oder Aufzeichnungen, die ihm Antwort auf seine Fragen geben konnten, fand er nicht.

Als er schon wieder gehen wollte, entdeckte er in einer Kommode einen kleinen Koffer. Er trug noch die Aufkleber der Fluggesellschaft, mit der der Pater offenbar von Afrika nach Deutschland geflogen war.

Der Koffer war nicht sonderlich schwer. Als Rottmann ihn öffnete, entdeckte er eine Weinflasche. Er pfiff leise durch die Zähne. Vorsichtig hob er die noch volle Flasche heraus. Als er das Etikett betrachtete, wurde ihm heiß. Unwillkürlich hielt er den Atem an: 1940er Würzburger Stein Silvaner – Prädikatswein. War das vielleicht eine Flasche des mysteriösen Messweins, der in Gramschatz verborgen sein sollte?

Rottmann ließ die Flasche in einer weiteren Plastiktüte verschwinden. Eine erste heiße Spur!

Bei einem letzten Blick in die Hütte entdeckte sein scharfes Kriminalistenauge die Ecke eines Blocks, der auf dem Tisch lag und von einem zusammengeknüllten Hemd fast gänzlich verdeckt wurde. Rottmann hob das Hemd vorsichtig in die Höhe und legte es zur Seite. Zum Vorschein kam ein einfacher Spiralbock. Die Blätter waren allerdings unbeschrieben. Der Exkommissar wollte de Block schon wieder zur Seite legen, als ihn etwas stutzig machte. Er betrachtete ihn schräg von der Seite. Es gab keinen Zweifel, es waren deutlich Schriftzüge zu erkennen, die jemand auf das fehlende erste Blatt geschrieben hatte und die sich durchgedrückt hatten. Da er im Moment keine Möglichkeit sah, die Schrift zu entziffern, steckte er den Block ebenfalls vorsichtig in eine Plastiktüte und legte sie zu den übrigen Gegenständen.

Nach einem letzten Blick in die Runde schloss er den Fensterladen wieder und verließ die Hütte. Draußen zog er die Gummihandschuhe aus und den Mundschutz vom Gesicht. Er atmete tief durch, dann trug er die Plastiktüten zu seinem Auto. Öchsle trippelte eilig nebenher.

Langsam fuhr Rottmann zurück nach Würzburg. Morgen würde er Gottfried Meyer bitten, die Kleidungsstücke zu untersuchen. Vielleicht bekam er dadurch einen Hinweis, wo sich das Versteck der gesuchten Gegenstände befand. Den Block würde er sich selbst vornehmen.

Schöpf-Kelle bekam einen Anruf von einem ziemlich erregt wirkenden Dominik Robenheuler, der ihn um ein kurzfristiges Treffen bat. Sie verabredeten sich um 10 Uhr auf dem Parkplatz hinter dem Dom.

Die Besprechung fand im Auto statt.

„Die Oberbürgermeisterin plant während der Kreuzbergwallfahrt eine Aktion. Das pfeifen mittlerweile schon die Spatzen vom Rathausdach. Haben Sie eine Ahnung, was das sein könnte? Sie kann doch unmöglich dieselbe Information haben wie wir. Oder haben Sie nicht den Mund halten können?" Er sah Schöpf-Kelle mit zusammengekniffenen Augen an.

Der schüttelte nur heftig den Kopf und machte eine abwehrende Handbewegung.

„Soweit ich mitbekommen habe", fuhr Robenheuler fort, „hat ihr Wahlkampfmanager, dieser Hufschlag, bereits die Presse darüber informiert, dass in Gramschatz mit einem wichtigen Ereignis zu rechnen ist. Wenn uns nicht schleunigst etwas einfällt, zieht sie die ganze Aufmerksamkeit der Medien auf sich." Er sagte Schöpf-Kelle kein Wort von dem vernichtenden Anruf aus München. Robenheuler war wild entschlossen, die Aktion in Gramschatz trotzdem durchzuziehen. Letztendlich war es egal, für welche Partei er auf dem Chefsessel im Rathaus Platz nahm.

Schöpf-Kelle zuckte mit den Schultern. „Keine Ahnung, was man da machen kann."

„Ich muss auf jeden Fall verhindern, dass die Oberbürgermeisterin sich einen derartigen Vorteil verschafft."

„Was wollen Sie unternehmen?" Der Journalist konnte eine gewisse Besessenheit aus der Stimme des Mannes heraushören.

„Wir müssen ihr ganz einfach zuvorkommen!“ Robenheuler lehnte sich im Sitz zurück und atmete tief durch. „Wir heben diesen Messwein oder was immer da Wertvolles in Gramschatz vergraben ist, selbst. Sie schießen eine Fotoserie darüber und anschließend machen wir ein Exklusivinterview, in dem Sie mich und meinen Einsatz für die Rettung dieses … was immer es auch ist, entsprechend hervorheben. Was halten Sie davon?“

„Sie haben doch gelesen, wo sich das Zeug befindet. Das würde bedeuten, dass wir einbrechen müssen. Wenn wir erwischt werden, ist Ihre Karriere beendet und auch ich bekomme Ärger.“ Schöpf-Kelle schüttelte den Kopf. „Tut mir leid, aber das ist mir zu heiß!“

Robenheuler sah den Journalisten mit wütendem Blick an, dann knurrte er: „Dann eben nicht! Den Pressesprecher können Sie vergessen!“ Er riss die Autotür auf und schlug sie zornig hinter sich zu. Einen Augenblick später konnte Schöpf-Kelle seinen Wagen in Richtung Hofstraße abbiegen sehen.

Der Journalist blieb noch eine ganze Weile sitzen und dachte nach, dann traf er eine Entscheidung. Er würde ganz einfach das tun, was sein Job war: für die *Main-Postille* einen Artikel über die angekündigte Aktion der Oberbürgermeisterin schreiben. Schöpf-Kelle startete den Motor und rollte ebenfalls vom Parkplatz.

*

ZUR GLEICHEN ZEIT klingelte im Schloss der Marktgemeinde Rimpar im Vorzimmer von Bürgermeister Koslert das Telefon. Es dauerte nur einen Augenblick, dann stellte die völlig perplexe Sekretärin, die das Gespräch angenommen hatte, den Anrufer zum Bürgermeister durch.

„Die Bayerische Staatskanzlei aus München für Sie", erklärte sie ihrem Chef knapp, dann legte sie auf.

Bürgermeister Koslert war mindestens ebenso erstaunt wie seine Mitarbeiterin, fand seine Stimme aber schnell wieder.

„Hier Koslert", meldete er sich, dann lauschte er eine Zeitlang schweigend in den Hörer. Was er zu hören bekam, verschlug ihm regelrecht die Sprache.

„... es ist mir klar, Herr Bürgermeister, dass Ihnen das alles sehr merkwürdig vorkommen muss", sagte der Anrufer am Ende seiner Ausführungen. „Bitte lassen Sie sich jetzt im Anschluss mit der Staatskanzlei in München verbinden und verlangen Sie die Nebenstelle 1505. So können Sie sich überzeugen, dass es sich nicht um einen Scherzanruf handelt. Also, bis gleich." Der Mann legte auf.

Bürgermeister Koslert starrte den Hörer seines Telefons einige Zeit an, dann rief er seine Sekretärin an und bat: „Frau Sauerwein, bitte verbinden Sie mich mit der Vermittlung der Bayerischen Staatskanzlei in München. Den Rest erledige ich dann selbst."

Es dauerte weniger als eine Minute, dann läutete sein Telefon erneut.

„Hier ist die Vermittlung der Bayerischen Staatskanzlei, was kann ich für Sie tun?"

„Hier ist Bürgermeister Koslert aus Rimpar. Verbinden Sie mich bitte mit der Nebenstelle 1505."

„Gern, ich stelle zum Herrn Staatssekretär durch, Ihr Anruf wird bereits erwartet."

„Schön, lieber Koslert", sagte die Stimme von vorhin. „Sie haben sich jetzt überzeugen können, dass der Anruf echt ist. Werden Sie das, um was ich Sie gebeten habe, rechtzeitig und zuverlässig erledigen? Sie können sicher sein, dass es nicht zu Ihrem Schaden sein wird. Sie haben doch, soweit ich informiert bin, da ein paar Projekte laufen, für die Sie Sondermittel beantragt haben …"

Der Bürgermeister versicherte seine Loyalität, dann war das Gespräch zu Ende. Allein die Tatsache, dass ein Staatssekretär ihn persönlich anrief, löste bei Koslert feuchte Handflächen aus. Er lehnte sich in seinem Bürostuhl zurück und starrte durch das Fenster auf die Dächer seiner Gemeinde. Wer hätte gedacht, dass dieses kleine Dorf im Gramschatzer Wald, das im Jahre 1978 als Ortsteil zu Rimpar gekommen war, einmal dazu beitragen würde, das Ansehen der Marktgemeinde zu heben?

Er riss sich aus seinen Gedanken und erhob sich. Mit energischen Schritten ging er zur Verbindungstür und riss sie auf: „Frau Sauerwein, verständigen Sie bitte den Gemeinderat. Ich berufe für heute Abend eine Dringlichkeitssitzung ein. Einziger Tagesordnungspunkt: Besuch des Bayerischen Ministerpräsidenten am 20. August in Gramschatz."

Der Sekretärin fiel die Kinnlade herunter, dann griff sie zum Telefon.

*

Erich Rottmann saß an seinem Küchentisch und hatte den Block aus der Hütte vor sich liegen. In der Hand hielt er einen weichen, gespitzten Bleistift, mit dem er vorsichtig die Papierfläche schraffierte. Der Pater – Rottmann ging davon aus, dass der Priester der Verfasser war – hatte seinen Text mit schwerer Hand und großen Buchstaben niedergelegt. Daher war der Abdruck relativ leicht mit der Schraffiermethode zu rekonstruieren. Als der Exkommissar fertig war, las er mit ernster Miene die Nachricht noch einmal zusammenhängend durch: *„Hochwürdiger Herr Bischof! Ich fühle mein Ende mit großen Schritten herannahen. Der Fluch des Messweins hat auch mich getroffen. Daher werde ich es nicht mehr schaffen, persönlich mit Ihnen zu sprechen. Trotzdem muss die Wahrheit ans Licht. Ich bin wahrscheinlich der letzte noch Lebende, der dafür sorgen kann, dass das Geheimnis gelüftet wird und die Dinge wieder in Ordnung kommen. Mein ganzes Leben lang haben mich die Ereignisse, die sich damals kurz vor Ende des Krieges in Gramschatz ereigneten, verfolgt. Ich hoffe, ich finde einen Weg, damit diese Nachricht Sie erreicht. Der wertvolle Kirchenschatz, der hier in Gramschatzer Erde vergraben liegt, darf nicht länger den Gläubigen entzogen werden. Ich habe mich selbst davon überzeugt, dass er noch unbeschädigt an Ort und Stelle liegt. Wenn man weiß, wo er sich befindet, ist er leicht zu bergen. Inmitten des Dorfes liegt“* – an dieser Stelle hörte der Text auf, wahrscheinlich, weil die Seite zu Ende war. Vermutlich hatte der Schreiber auf einem weiteren Blatt oder der Rückseite desselben weitergeschrieben, hierfür gab es aber keine Abdrücke auf dem Block.

„So ein Mist!“, schimpfte Rottmann, dann lehnte er sich zurück, verschränkte die Hände hinter dem Kopf und starrte gegen die Wand. Der Originaltext war nicht mehr in der Hütte gewesen. Konnte es sein, dass es dem Schwerkranken gelungen war, den Brief an den Bischof weiterzuleiten? Oder hatte, was

Rottmann wahrscheinlicher erschien, ein Dritter bereits vor ihm die Hütte durchsucht und den Brief an sich genommen?

In diesem Augenblick zerriss das Läuten des Telefons seine Gedanken. Elvira war in der Leitung.

„Eigentlich wollte ich mit dir gar nicht mehr reden“, erklärte sie schnippisch, „aber dann habe ich mir gedacht, dass du das wissen solltest. Hier herrscht ziemliche Aufregung. Dieser Gossi Hufschlag macht einen Wirbel, als wären morgen schon Wahlen. Jedenfalls habe ich mitbekommen, dass während der Kreuzbergwallfahrt, an der Dr. Rialena wie jedes Jahr teilnehmen wird, in Gramschatz irgendein verschollener Kirchenschatz gehoben und der Öffentlichkeit präsentiert werden soll. Das war's schon. Tschüss!“

Ehe Rottmann sich bedanken konnte, hatte sie schon aufgelegt. Sie war noch immer sauer.

Der Exkommissar überlegte: Hier liefen offenbar die Aktionen verschiedener Interessengruppen parallel. Wahrscheinlich wussten diese Menschen nicht, welcher Gefahr sie sich aussetzten. Am besten wäre es gewesen, wenn er still und heimlich diesen sogenannten Schatz hätte bergen können. Da er aber nicht wusste, wo genau er vergraben war, machte diese Überlegung keinen Sinn.

Wenn er Deichler verständigte, würde der sicher die Kollegen einschalten. Rottmann hatte aber versprochen, die Sache diskret zu behandeln. Diese Variante war also auch ausgeschlossen.

Rottmann ging zum Fenster und sah hinaus. Es blieb ihm wohl nichts anderes übrig, als gewissermaßen als Schutzpatron zumindest bis Gramschatz an der Wallfahrt teilzunehmen. Ein Entschluss, der dem gut gebauten Franken nicht leichtfiel. Jeder in der Stadt wusste, dass die einzelnen Etappen auf dem Marsch zum Kreuzberg regelrechte Torturen darstellten.

Nach kurzem Nachdenken wählte er die Nummer des Generalvikars Dr. Marillenbrand, um ihm die Situation zu erklären und ihm mitzuteilen, was er plante.

Marillenbrand war zunächst betroffen über die Ausmaße, die die Angelegenheit angenommen hatte, sah aber dann auch keine andere Lösung. Er wollte auf jeden Fall sichergestellt wissen, dass mit den Fundstücken in Gramschatz kein Schindluder getrieben wurde. Nach Möglichkeit sollte Rottmann dafür sorgen, dass sie diskret in den Schoß der Kirche zurückgeführt wurden. Rottmann versprach, sein Möglichstes zu tun.

Er wusste selbstverständlich, dass die Wallfahrt der Würzburger zum Kreuzberg jedes Jahr am 20. August nach einem um vier Uhr morgens in der Neumünsterkirche stattfindenden Gottesdienst startete. Wegen Umbauarbeiten hatte man ihn dieses Jahr allerdings in den Dom verlegt. Danach würde sich die Prozession durch den Stadtteil Grombühl bewegen, über Feldwege weiter nach Rimpar und von da aus nach Gramschatz, wo die Wallfahrer um neun Uhr zu einem Gottesdienst erwartet würden.

Rottmann, der nicht gerade ein Langschläfer war, hatte mit dieser frühen Uhrzeit dennoch ein Problem. So fasste er den Entschluss, den frühen Gottesdienst in Würzburg auszulassen. Er würde sich der Wallfahrt auf Höhe des Sportplatzes Grombühl anschließen. Bis dorthin konnte er mit dem Auto fahren.

Aus seinem Vorhaben ergab sich noch eine weitere, schwierige Frage. Was sollte aus Öchsle werden? Um diese Uhrzeit war es noch dämmerig. Sicher würde es gar nicht groß auffallen, wenn er sich mit seinem Vierbeiner ganz am Ende der langen Prozession einreihte. Und wo stand schon geschrieben, dass ein Hund nicht wallfahren durfte?

Am frühen Morgen tuckerte Erich Rottmann mit seinem Käfer über den Stadtteil Grombühl hinauf zur Oberdürrbacher Landstraße. Am Sportplatz stellte er seinen Wagen ab, dann warf er sich den kleinen Wanderrucksack mit Getränken und etwas Obst auf den Rücken und holte Öchsle aus dem Fahrzeug. Der Rüde war ganz aufgeregt, weil er spürte, dass sich etwas Außergewöhnliches tat. Hinzu kam, dass Rottmann hinten aus dem Flurschrank eine alte Hundeleine herausgekramt hatte, die er Öchsle nun anlegte. Wenn er ihn schon mitnahm, musste er ihn zumindest anleinen. Auch das war für den Rüden ungewohnt, leinte sein Herrchen ihn doch sonst nie an.

Dann setzte sich Rottmann auf eine Bank und wartete auf die Prozession.

Die Musikkapelle, die die Wallfahrer begleitete, hörte er zuerst. Es war erstaunlich, mit welcher Geschwindigkeit sich die Prozession näherte. Rottmann bekam immer mehr Bedenken, ob er bei dieser Geschwindigkeit würde mithalten können. Viel Zeit zum Überlegen blieb ihm aber nicht. Als die Musik verstummte, hörte er die monotonen Stimmen der Vorbeter und die Antworten der Wallfahrer.

Den Pilgerführer im langen roten Mantel, mit dem breitrandigen Hut und dem Kreuzstab über der Schulter sah er zuerst aus der Dämmerung auftauchen. Es folgten ein reiner Männertrupp, die Blaskapelle, dann schloss sich eine Frauengruppe an. Am Schluss der Prozession marschierte eine große gemischte Abteilung, in der sich auch die Oberbürgermeisterin befand. Das Ende der Menschenschlange bildete ein Rettungswagen des Roten Kreuzes, danach kam ein Streifenwagen der Polizei, der die Prozession nach hinten absicherte.

„Komm, Öchsle, jetzt gilt's", murmelte Rottmann leise und setzte sich eilig ans Ende der Prozession. Mit einigen hastigen Schritten versuchte er sein Tempo dem Marschschritt der betenden Menschen anzupassen.

Im ersten Augenblick erntete er zwar von einigen Wallfahrern in seiner Nähe wegen des Vierbeiners ein paar erstaunte Blicke, dann waren er und Öchsle akzeptiert.

Es dauerte einige Zeit, bis sich Rottmann an das Tempo gewöhnt hatte. Der monotone Wechselklang der Gebete zwischen Vorbeter und Wallfahrern, in die er so gut er konnte eingefallen war, halfen ihm bei der Überwindung der schon bald auftretenden körperlichen Beschwerden. Öchsle hatte sich ohne Probleme in den Marschtritt der Menschen eingeordnet. Mit durchhängender Leine lief er links neben seinem Menschen. Neidvoll blickte Rottmann gelegentlich auf ihn herab. Manchmal war „Vierradantrieb" schon sehr vorteilhaft.

Seit es völlig hell geworden war, sah sich Rottmann nach der Oberbürgermeisterin um, sie musste irgendwo vor ihm laufen.

Zuerst entdeckte er die Gestalt von Gossi Hufschlag, der die meisten Wallfahrer überragte. Überrascht zog Rottmann die Augenbrauen in die Höhe. Die Gegenwart des Wahlkampfmanagers der Oberbürgermeisterin sprach dafür, dass tatsächlich während der Wallfahrt etwas geschehen sollte, was nicht zwingend religiös motiviert war.

Rottmann musste grinsen. Er hatte Seitenstechen, aber Hufschlag ging es offensichtlich wesentlich schlechter als ihm. Sein Kopf war hochrot, mit einem Taschentuch wischte er sich ständig über die Stirn. Neben ihm ging elastischen Schrittes die Oberbürgermeisterin. Sie hielt mit der Gruppe ohne weiteres Schritt. Hufschlag hingegen schleppte sich regelrecht über den Asphalt.

Als sich der Wald linker Hand zu einer breiten Schneise

öffnete, kam die Prozession plötzlich zum Stillstand. Über das Mikrofon kam die Durchsage: „Gesundheitspause! Männer links, Frauen rechts!“ Rottmann sah sich verwirrt um, als es plötzlich die meisten Wallfahrer eilig hatten, schön nach Geschlecht getrennt im Wald zu verschwinden.

Öchsle hatte schnell verstanden, wofür diese Pause gedacht war, und suchte sich den nächsten Baum. Während Rottmann auf seinen Rüden wartete, glitt sein Blick durch den Wald. Er sah gerade noch, wie die Oberbürgermeisterin ebenfalls im Dickicht verschwand. Aber was war das? Gossi Hufschlag blieb dicht hinter ihr und verschwand ebenfalls im dichten Blattwerk. Seit wann ging die Oberbürgermeisterin mit einem Herrn zur Toilette?

Zuerst dachte Rottmann, dass Hufschlag vielleicht die Regeln nicht verstanden hatte, die hier einzuhalten waren. Doch als er keinerlei abweisende Reaktion von Dr. Rialena bemerkte, kamen ihm doch Zweifel. Hier stimmte etwas nicht!

Kurz entschlossen schlug sich Rottmann ebenfalls ins Dickicht. Schon nach einigen Metern lichtete sich das Gestrüpp und Rottmann durchbrach die grüne Wand, um auf einem breiten, geschotterten Forstweg zu landen. Er konnte gerade noch sehen, wie eine dunkle Limousine mit hoher Geschwindigkeit über den Waldweg in Richtung Gramschatz davonschoss. Eine Sekunde später war das Fahrzeug hinter der nächsten Wegbiegung verschwunden.

„Verflixt und zugenäht!“, schimpfte der Exkommissar wütend. Da war er ja schön ausgetrickst worden. Öchsle sah seinen Menschen fragend an. Es kam nur selten vor, dass Rottmann so wütend wurde. Ihm war klar, dass dieser Abgang sorgfältig geplant worden war.

Mühsam schlugen sich Herr und Hund wieder zu den Wallfahrern durch, besser gesagt, sie versuchten es. Als sie die

Landstraße wieder erreicht hatten, war die Prozession schon einige hundert Meter weitergezogen. Was sollte er nun machen? In dem Augenblick sah er einen Traktor mit Anhänger, der langsam von Rimpar her herantuckerte. Rottmann stellte sich auf die Straße und winkte. Der Landwirt hielt prompt an.

„Na, ham mer den Anschluss verpasst?", fragte er grinsend.

„Kann man so sagen", gab Rottmann zurück. „Kann ich bis Gramschatz mitfahren?"

„Also los, hock dich mit deim Hund hinne uff den Ladewache. Aber ab Gramscht wird widder gelaufe!"

Rottmann winkte ihm dankbar zu. Nachdem er Öchsle auf die Ladefläche hinaufgehoben hatte, dauerte es allerdings einen Augenblick, bis Rottmann seinen gestandenen Frankenleib ebenfalls auf das Gefährt hinaufgehievt hatte.

Sie waren kaum einige Meter gefahren, als hinter ihnen plötzlich eine Kolonne von drei dunkelblauen Limousinen angerast kam. Auf den Dächern der Fahrzeuge blinkten Blaulichter. Der Bauer machte einen Schlenker nach rechts, dann schossen die drei Autos an ihnen vorbei.

Rottmann sah den Fahrzeugen nachdenklich hinterher. Eindeutig Dienstfahrzeuge. Wahrscheinlich Personenschutz. So ein Sicherheitsaufwand wurde seines Wissens nur bei hochkarätigen Fahrgästen betrieben. Was braute sich da nur in Gramschatz zusammen? Auf einmal kam es ihm vor, als würde der Traktor über die Landstraße schleichen.

Am Ortseingang hielt der hilfsbereite Bauer an und ließ Herr und Hund absteigen.

„Kannst ja für mich enn Rosekranz mitbät", rief er zum Abschied und bog in einen Feldweg ab. Der Ortseingang von Gramschatz war von Wallfahrern verstopft, die alle in Richtung Kirche strömten. Am Straßenrand standen Bürger und winkten ihnen zu.

Rottmann entdeckte einige Polizeistreifenwagen, die vor den beiden Wirtshäusern parkten. Polizeibeamte in Uniform hatten sich an verschiedenen Stellen postiert und regelten den Verkehr. Vor dem Gasthof *Goldener Hirsch* stand ein kleiner Bus des Bayerischen Rundfunks, daneben ein Fahrzeug des Würzburger Regionalfernsehens. Er entdeckte Gossi Hufschlag, der wild gestikulierend auf einen Mann mit Kamera einredete.

Die Wallfahrer warfen dem ungewohnten Polizeiaufgebot erstaunte Blicke zu, während sie zu den Klängen der Blaskapelle in die Kirche einzogen.

Rottmann überlegte. Wenn hier eine Sensation stattfinden sollte, dann wahrscheinlich während der Messe. Danach würde die Prozession ja schnell weiterziehen.

Er warf Öchsle einen nachdenklichen Blick zu. Der Exkommissar wollte in die Kirche gehen, aber dorthin konnte er seinen vierbeinigen Begleiter nun wirklich nicht mitnehmen.

Rottmann scherte aus der Menschenmenge aus und betrat eine Gasse neben der Kirche. Was er bisher nicht gesehen hatte, war die Tatsache, dass diese Gasse von einem Polizeibeamten abgesperrt wurde. Rottmann konnte auf dem neben der Kirche gelegenen Parkplatz die drei dunkelblauen Limousinen erkennen.

Als der Streifenpolizist Rottmann mit abwehrenden Handbewegungen andeutete, dass er hier nicht passieren könne, sprach Rottmann ihn an. „Entschuldigung, ich möchte nur hier meinen Hund anbinden. In die Kirche darf er ja nicht hinein. Wenn Sie so freundlich wären und einen Blick auf ihn werfen würden, dass er nicht wegläuft?"

Der Polizeibeamte zögerte einen Augenblick, dabei musterte er den vor ihm stehenden älteren Herrn. Sein Blick schien zu sagen: Ein kauziger Wallfahrer, der sich nicht von seinem Vierbeiner trennen konnte. Völlig harmlos. Während der Beamte überlegte, stand Rottmann brav vor ihm und sah ihn mit schief gelegtem Kopf treuherzig an.

„Von mir aus", gab der Beamte schließlich großzügig zurück, „aber nach der Kirche sofort wieder hier abholen!"

Rottmann dankte ihm herzlich und band Öchsle an einem Metallpfosten fest. Er streichelte seinem Vierbeiner über den Kopf, dann eilte er in Richtung Haupteingang, um noch einen Platz in der Kirche zu ergattern.

Öchsle sah seinem Herrchen verwundert hinterher, dann legte er sich auf den Boden und rollte sich zusammen. Als Polizeihund, der er nach seinem eigenen Selbstverständnis war, musste man sich auch in solche Situationen fügen.

Der Exkommissar drängte sich zwischen den zahlreichen Pilgern, die sich im Eingangsbereich aufhielten, hindurch, um eine bessere Sicht auf den Altarraum zu haben.

Pater Max, der geistliche Begleiter der Kreuzbergwallfahrer, hatte in der Sakristei seine liturgischen Gewänder angelegt und zog nun mit den Ministranten in die Kirche ein. Man konnte Rottmann nicht gerade zu den emsigen Kirchgängern zählen, aber aus seiner Jugend, in der er selbst als Ministrant gedient hatte, kannte er den Ablauf einer katholischen Messe.

Rottmanns prüfender Blick hatte sofort das Mikrofon mit dem weißen „BR" auf blauem Grund entdeckt, das neben dem Mikrofon des Gotteshauses am Ambo aufgestellt worden war. Ohne Schwierigkeiten konnte er die Gestalt von Gossi Hufschlag erkennen. Neben ihm entdeckte er die markante Frisur von Dr. Beckstein-Mannfeld. Beide standen direkt vor dem Ambo. Auf gleicher Höhe bildeten der stellvertretende Landrat Walnuss, der Bürgermeister von Rimpar und die Würzburger Oberbürgermeister-Kandidaten Robenheuler, Thalrose und Schwammerl eine Reihe. Einer schaute frömmer drein als der andere. Pressevertreter schossen ihre Blitzlichter ab.

Rottmann dachte sich seinen Teil.

Der Gottesdienst nahm seinen Lauf. Trotzdem meinte Rottmann, bei dem Priester eine leichte Nervosität zu bemerken. Immer wieder warf dieser einen prüfenden Blick hinüber zum Eingang der Sakristei, so als würde er auf etwas warten. Nachdem der Pater den Segen erteilt hatte, trat er noch einmal an den Ambo.

„Liebe Kreuzbergwallfahrer", begann er, „ich bitte euch noch einen Augenblick Platz zu nehmen. Wir haben heute die große Freude und Ehre, einen besonderen Gast hier in Gramschatz in unserer Mitte begrüßen zu dürfen. Es handelt sich um den bayerischen Ministerpräsidenten Dr. Xaver Steinbeck, der gern einige Worte an uns richten möchte."

Unter den Kirchenbesuchern erhob sich erstauntes Gemurmel, einige begannen zu applaudieren. Pater Max trat ein Stück zur Seite und blickte erwartungsvoll in Richtung Sakristei.

Eine Sekunde später betrat tatsächlich der Ministerpräsident den Altarraum, trat freundlich lächelnd neben den Priester und wandte sich an die Wallfahrer.

„Liebe Würzburger Kreuzbergwallfahrer! Als Franke, evangelischer Christ und bayerischer Ministerpräsident ist es mir eine besondere Freude und Ehre, Ihnen, die Sie hier eine sehr alte christliche Tradition pflegen, im ökumenischen Geiste durch einen kurzen Besuch meine besondere Verbundenheit zu zeigen." Er machte eine kleine Pause und das für ihn so typische verschmitzte Lächeln trat auf seine Lippen. „Ich will ganz ehrlich zu Ihnen sein, insbesondere hier in diesem sakralen Raum: Ich gebe zu, dass ich sowieso zu einem Termin in Aschaffenburg unterwegs bin, habe diesen aber so legen lassen, dass mein Besuch hier bei Ihnen möglich war."

Leises Gelächter und wieder vereinzelter Applaus begleiteten die Worte des Politikers.

„Was wäre unser Frankenland ohne seine christlichen Traditionen?“, fuhr Steinbeck, wieder ernst geworden, fort. „Vielleicht sind zu viele Jahre vergangen, in denen die politische Führung dieses Landes ihr Augenmerk zu selten auf diese nördlichen Fundamente unseres Freistaates gerichtet hat. Heute, denke ich, konnte ich einen ersten Schritt tun, diesen Zustand zu beenden.“ Wieder ertönte Applaus, diesmal kräftiger. „Ich wünsche Ihnen in den nächsten Tagen bereichernde spirituelle Erfahrungen, gute Gespräche und …“, er lächelte wieder, „… keine Blasen an den Füßen.“

Er winkte den Wallfahrern freundlich zu, verneigte sich knapp zum Altar, dann verließ er die Kirche eilig in Richtung Sakristei.

Erich Rottmann war, schlicht gesagt, verwundert. An der Reaktion der Wallfahrer konnte er zwar erkennen, dass sie von den Worten des Landesherrn beeindruckt waren, er selbst hatte sich jedoch eine viel spektakulärere Aktion vorgestellt. Kein Wort von dem angeblichen Schatz, der heute hier präsentiert werden sollte.

Er verließ die Kirche als einer der Ersten. Als er die wenigen Stufen zur Straße hinunterging, konnte er gerade noch die drei blauen Limousinen mit zuckenden Blaulichtern die Dorfstraße hinunterbrausen sehen.

Ehe das Gedränge in den Straßen rund um die Kirche zu dicht wurde, beeilte sich der Exkommissar, Öchsle abzuholen. Der Polizist, der auf ihn aufpassen sollte, war nicht mehr da. Nachdem der Ministerpräsident abgefahren war, waren auch die Streifenwagen weggefahren.

Öchsle fraß seinen Menschen fast auf vor Freude. So lange Trennungen war er nicht gewohnt. Rottmann nahm die Leine auf und sah sich um. Die Wallfahrer standen in Grüppchen beieinander, stärkten sich und diskutierten das Ereignis.

Langsam schlenderte Rottmann um die Kirche herum. Er musste herausbekommen, was schiefgelaufen war.

Der Außeneingang zur Sakristei befand sich zurückgesetzt neben dem Feuerwehrhaus in der Schulzengasse. Rottmann nahm auf einer kleinen Bank Platz, die vor einem Hofeingang aufgestellt war. Irgendwann musste ja jemand die Kirche verlassen, den er ausquetschen konnte. Es dauerte auch nicht lange, da verließ energischen Schrittes eine kräftige, ältere Frau die Sakristei. Sie nahm Rottmann mit Hund sofort ins Visier und kam schnurstracks auf die beiden zu.

„Bist müde, gell?", fragte sie ohne Umschweife. „Komm mit rein, du kriegst einen Kaffee. Ich habe auch einen Zwetschgenblooz gebacken, und dein Hund kann sicher etwas Wasser vertragen. Übrigens, ich bin die Koletta." Ohne große Umstände duzte sie ihn. Dann öffnete sie die Hoftür und betrat das Anwesen. Der Exkommissar folgte ihr.

„Setz dich an den Tisch", forderte ihn die resolute Bäuerin auf, nachdem er ihr in die Küche gefolgt war, „mein Mann ist der Messner und hat noch in der Kirche zu tun."

Zwei Minuten später hatte Rottmann eine Tasse dampfenden Kaffee und ein großes Stück Kuchen vor sich stehen, während Öchsle aus einer Schüssel Wasser schlabberte.

„Dass der Ministerpräsident heute hierhergekommen ist, war schon ungewöhnlich", kam Erich Rottmann zur Sache. „Hat es so etwas schon einmal gegeben?"

„Nein. Ich spiele jetzt schon seit ewigen Zeiten in unserer Kirche die Orgel und bin bei jedem Wallfahrtsgottesdienst dabei gewesen. So etwas habe ich aber noch nie erlebt."

„Hat es vorher irgendwelche Informationen gegeben? Offenbar hat die Presse Bescheid gewusst, dass er kommt."

Die Frau ließ sich auf der Eckbank Rottmann gegenüber nieder. „Jetzt, wo du das sagst", meinte sie nachdenklich. „Der

Bürgermeister war gestern mit ein paar Arbeitern da und hat einen ziemlichen Terz veranstaltet. Er hat etwas von einer Kiste mit altem Messwein gesagt, die in Gramschatz vergraben sein soll und die der Ministerpräsident den Gramschatzern offiziell zurückgeben wollte. Sie sind dann auch unten in der Hauptstraße in dem alten Gehöft vom Kochlinger Robert rumgeturnt und ein bisschen später mit einer Kiste rausgekommen.

Dann muss aber irgendetwas nicht gestimmt haben. Sie haben vorhin in der Sakristei um die Holzkiste herumgestanden und diskutiert. Dann wurde kein Wort mehr darüber verloren."

Rottmann stellte die Ohren. „Ist es möglich, mal in die Kiste reinzuschauen?" Er hatte mittlerweile den Kuchen aufgegessen. Mit einem Schluck trank er die Kaffeetasse leer.

Koletta sah ihren Gast mit prüfendem Blick an. „Warum interessiert dich das?"

„Na ja", suchte Rottmann schnell nach einer Ausrede, „ich bin heute zum ersten Mal mit auf dieser Wallfahrt und will darüber ein Tagebuch führen. Wenn so etwas Besonderes passiert, dann ist es natürlich wert, festgehalten zu werden."

Koletta war von dieser Begründung nicht ganz überzeugt, das konnte man ihr deutlich ansehen, sie meinte aber: „Dann geh halt rüber zu meinem Mann in die Sakristei, der kann dir ja zeigen, was in der Kiste drin ist. Soweit ich weiß, steht das Ding dort noch rum. Aber du musst dich beeilen, die wallen schnell weiter!"

Rottmann bedankte sich herzlich für Kaffee und Kuchen und verließ mit Öchsle das Haus. Die Frau blieb unter der Tür stehen und sah ihm nachdenklich nach, als er den kleinen Platz überquerte und den gepflasterten Weg zur Sakristei entlang marschierte. Sie hatte das Gefühl, diesen merkwürdigen Kreuzbergwallfahrer schon einmal gesehen zu haben.

„Warte hier", bat Rottmann seinen Vierbeiner, der sich daraufhin brav neben die Eingangstür zur Sakristei setzte.

Rottmann betrat den Raum, der ringsum mit Holzschränken ausgestattet war. Außer einem älteren Mann, der gerade dabei war, das grüne Messgewand in den Schrank zu hängen, war die Sakristei leer.

„Guten Morgen", grüßte Rottmann und tippte sich grüßend an die Stirn, „ich bin der Erich. Ich habe gerade bei deiner Frau einen Kaffee getrunken. Dabei hat sie mir erzählt, dass hier die Kiste steht, wegen deren Inhalt der Ministerpräsident eigentlich nach Gramschatz gekommen ist. Dürfte ich da mal reinschauen?"

„Was willst'n damit?"

Rottmann erzählte die stark verkürzte Version seiner Geschichte von den persönlichen Aufzeichnungen eines Erstlingswallfahrers.

„Da musst du dich aber schick", erklärte der Messner knapp, „draußen spielt scho wieder die Blaskabelle. Die Wallfahrt geht weiter! Da drüben steht die Kiste." Er wies zu einem massiven Tisch.

Jetzt hörte auch Rottmann die Blaskapelle durch die dicken Mauern der Kirche. Schnell ging er zu der Holzkiste, die äußerlich ein paar Erdspuren trug, und hob vorsichtig den Deckel.

Im Inneren erkannte Rottmann feuchtes, aber noch frisches Stroh, zwischen dem in Schichten Weinflaschen lagen. Der Exkommissar warf einen Kennerblick auf die Etiketten. Es handelte sich um einen Riesling aus Randersacker, einen Prädikatswein, der sicher gut als Messwein geeignet war. Was allerdings störte, war das Jahr, aus dem der Wein stammte: 2006. Hier hatte offenbar jemand das Original ausgetauscht. Rottmann bedankte sich bei dem Messner und verließ die Sakristei. Während der ehemalige Leiter der Würzburger Mordkommission um die Kirche des nunmehr fast menschenleeren kleinen Dorfes herumging, hörte er aus der Ferne die Blasmusik der Kreuzbergwallfahrt, die sich immer weiter in Richtung Arnstein entfernte.

Für Rottmann war seine erste und vermutlich auch letzte Wallfahrt an dieser Stelle zu Ende. Er musste herausfinden, wo sich die Originalkiste befand, und vor allen Dingen, wer sie weggebracht hatte.

Bei dieser Gelegenheit stellte Erich Rottmann fest, dass er bei seinen Planungen völlig vergessen hatte, seine Rückfahrt nach Würzburg zu organisieren. Er griff in seine Jackentasche und holte sein Mobiltelefon heraus. Kaum hatte er Empfang, stellte er fest, dass sich auf seiner Mailbox mehrere Anrufe befanden. Rottmann lehnte sich gegen einen Zaun und hörte die Nachrichten ab. Der erste Anruf stammte von Gottfried Meyer, der ihm kurz mitteilte, dass sich auf den Schuhen und der Weinflasche, die Rottmann ihm zur Untersuchung hatte zukommen lassen, eindeutig Sporen von *Aspergillus flavus* befanden. Rottmann stieß ein zufriedenes Grunzen aus. Sein Verdacht hatte sich bestätigt. Der Pater war mit der Originalkiste in Berührung gekommen, schien ihr aber nur eine Weinflasche entnommen zu haben. Dabei hatte er sich wohl mit den Sporen infiziert.

Die Stimme des zweiten Anrufers war vor Aufregung so heiser, dass Rottmann sie gar nicht sofort erkannte. „Wir müssen uns sofort treffen. Es ist etwas Ungeheuerliches eingetreten. Melden Sie sich bitte so schnell wie möglich bei mir.“ Es war Dr. Marillenbrand. Das war eindeutig ein Notruf.

Rottmann sah sich um. Er hatte keine Ahnung, wie er von hier wegkommen sollte. Schließlich zögerte er nicht lange und rief ein Taxi. Er erklärte der Taxizentrale, dass er sich in Begleitung seines Hundes auf der Straße zwischen Gramschatz und Rimpar befand und von dort mitgenommen werden wollte.

Sein scharfer Tonfall ließ bei der Dame in der Vermittlung keinen Zweifel an der Ernsthaftigkeit seines Anrufs aufkommen.

Alle Anstrengungen des zurückliegenden Fußmarsches waren vergessen, als Rottmann mit ungewohnt weitausholenden Schritten das Dorf seiner Kindheit in Richtung Rimpar verließ. Öchsle hatte Mühe, seinem Menschen zu folgen.

*

DER MANN, DER IN GEWISSER WEISE der Verursacher des missglückten wahlkampftechnischen Geniestreichs war, saß vor dem Fernseher und verfolgte mit verkniffener Miene die Berichterstattung des Würzburger Regionalfernsehsenders. Gossi Hufschlag kommentierte die Bilder und mühte sich, den Besuch des Ministerpräsidenten als Verdienst der derzeitigen Amtsinhaberin zu verkaufen.

Der Priester erhob sich und schenkte sich an seiner Hausbar einen Whiskey ein. Langsam trat er an das Fenster seines Wohnzimmers und blickte auf die Dächer der Stadt hinaus. Der Alkohol erwärmte ihn und beruhigte seine angespannten Nerven.

Morgen würde Bischof Mannhof von einer Tagung der Bischofskonferenz zurückkehren, wo er als Berichterstatter für einige Kernpunkte zu Fragen der Ökumene tätig gewesen war.

Er dachte an die letzten Tage zurück. Vorsichtig, aber gründlich, hatte er die Kiste gereinigt. Es war schon erstaunlich, dass das Metall in der langen Zeit unter der Erde kaum gelitten hatte. Jetzt stand der Behälter in seinem Arbeitszimmer, unter einer weißen Decke verborgen.

Seit sich die Kiste in seiner Wohnung befand, spürte er einen ehrfürchtigen Schauer, der ihn angesichts des Inhalts der Kiste gefangen hielt.

Lange Zeit hatte er davor gestanden und die einfachen Klappschlösser betrachtet, die ihn von der Wahrheit trennten. Einer Wahrheit, die ihn, wenn sie zutraf, dem Ziel seiner Wünsche näher bringen würde.

Bislang hatte er es sich versagt, den Behälter zu öffnen. Dann, in der Nacht, war ein Unwetter über der Frankenmetropole niedergegangen. Das Gewitter hatte ihn wach gehalten und seinem unruhigen Geist Raum für fantastische Hirngespinste geboten. Schließlich hatte er es in seinem Bett nicht mehr ausgehalten. Er war aufgestanden, hatte sich einen Mundschutz umgebunden, Gummihandschuhe angezogen und mit klopfendem Herzen und zitternden Händen den Metallbehälter geöffnet.

Als er erkennen musste, dass alles, was er bisher über den vermeintlichen Inhalt in Erfahrung gebracht hatte, tatsächlich der Wahrheit entsprach, war er so gerührt gewesen, dass er sein finsteres Vorhaben beinahe vergessen hätte.

Wie er wusste, hatten die beiden Ordensschwestern, die dem Bischof den Haushalt führten, die Abwesenheit ihres Chefs genutzt und waren für einige Tage ins Mutterhaus gegangen. Auch sie würden morgen zurückkommen.

Er tastete in seiner Jackentasche nach dem Generalschlüssel, der ihm Zugang zur Wohnung des Mannes ermöglichen würde, der seinen Plänen im Wege stand. Diese Nacht würde er die Kiste dorthin bringen, wo sie hingehörte. Er verzog sein Gesicht zu einem schiefen Lächeln, dann trank er den letzten Schluck Whiskey.

*

„Der Weg auf den Kreuzberg ist halt doch ein bisschen beschwerlicher, als sich so mancher Stadtmensch vorstellt“, hatte der Taxifahrer gefrotzelt, als er Rottmann und Öchsle aufgelesen hatte.

Normalerweise hätte Rottmann entsprechend zurückgeschossen. Er war im Augenblick jedoch so in Gedanken, dass er das Gerede des Mannes gar nicht beachtete.

Bei seinem VW-Käfer ließ er sich absetzen. Wenig später rollte sein Wagen hinunter in die Stadt.

Rottmann betrat seine Wohnung. Das hektische Blinken des Anrufbeantworters begrüßte ihn. Während er seine Wanderschuhe auszog, drückte er auf den Knopf und hörte die einzige Nachricht ab. Es handelte sich um einen Anruf von Dr. Marillenbrand, der Rottmann mit besorgter Stimme um einen dringenden Rückruf bat. Der Generalvikar hatte offenbar alles versucht, um Rottmann zu erreichen. Der Exkommissar griff zum Hörer.

Marillenbrand hielt sich nicht lange mit Vorreden auf. „Jemand hat dem Bischof ein Metallbehältnis in sein Arbeitszimmer gestellt. So wie es aussieht, handelt es sich um die bewusste Kiste. Der Bischof wird heute im Laufe des Tages von seiner Dienstreise zurückkehren. Wir müssen auf jeden Fall verhindern, dass er die Kiste öffnet. Können Sie so schnell wie möglich hier sein?“

Rottmann zögerte nicht lang. „Ich bin schon auf dem Weg zu Ihnen.“

Sie beendeten das Gespräch.

„Meine Herren, da bin ich aber mal gespannt, was Sie mir Wichtiges zu sagen haben. Im ersten Augenblick dachte ich, hier wäre eine Bombe versteckt. Der gute Marillenbrand hat mir ja regelrecht verboten, mein Arbeitszimmer zu betreten.“

Bischof Mannhof, sein Generalvikar und Rottmann standen in Mannhofs Arbeitszimmer in der Nähe der Tür. Bischof Mannhof lächelte und warf dabei einen Blick hinüber zu der mit einer Decke verhangenen Kiste, die in einer Ecke auf einem kleinen Hocker stand. Dr. Marillenbrand hatte Rottmann dem Bischof vorgestellt und ihm mitgeteilt, dass der Exkommissar in den letzten Tagen in seinem Auftrag Ermittlungen angestellt hatte. Der Bischof hatte seinem Vertreter mit immer ernster werdender Miene zugehört.

„Bitte, Exzellenz, hören Sie zu, was Ihnen Herr Rottmann zu sagen hat, dann werden Sie meine Haltung verstehen. Es ist eine Information von größter Tragweite!"

Bischof Mannhof lenkte seine volle Aufmerksamkeit auf Rottmann.

„Zunächst muss ich alle hier Anwesenden bitten, sich jetzt zu schützen." Rottmann griff in einen Stoffbeutel, den er am Arm hängen hatt und holte mehrere Mundschutzmasken und Gummihandschuhe heraus.

Der Bischof schüttelte den Kopf. „Was soll das denn? Das hier ist doch kein Operationssaal."

„Bitte!" Rottmann hielt dem Kirchenmann die Sachen auffordernd hin. Schließlich gab Mannhof achselzuckend nach und folgte dem Beispiel der beiden anderen Männer.

Erich Rottmann vergewisserte sich, dass die Schutzmasken richtig saßen, dann deutete er in die Ecke. „Sie gestatten?"

Bischof Mannhof nickte nur und folgte dem Exkommissar zusammen mit Dr. Marillenbrand. Rottmann legte die Hand auf das Tuch, dann drehte er sich langsam um und begann mit bedächtiger Stimme: „Herr Bischof, wie wir wissen, hat einer Ihrer Vorgänger auf dem Bischofsstuhl, nämlich Bischof Matthias Ehrenfried, gegen Ende des Zweiten Weltkrieges eine schwere Entscheidung getroffen. Es galt, die wertvollsten Reliquien, die Würzburg und Unterfranken besitzt, vor einem eventuellen Angriff auf die Stadt zu schützen. Ich spreche, Sie werden es sich vielleicht schon denken, von den drei Häuptern der Frankenapostel, Kilian, Kolonat und Totnan. In dieser schweren Zeit hat Bischof Ehrenfried in Absprache mit dem Domkapitel den Entschluss gefasst, diese Reliquien in die Pfarrkirche nach Gerolzhofen schaffen zu lassen. Dort wurden sie in einem der Kirchtürme in einer Eisenkiste aufbewahrt, bis man sie 1949 in einer feierlichen Prozession nach Würzburg zurückholte. So weit die offizielle Fassung."

Im Raum herrschte Totenstille. Nach einer kurzen Pause fuhr Rottmann fort: „Durch verschiedene Umstände, auf die ich jetzt nicht näher eingehen will, haben Dr. Marillenbrand und bestimmte politische Interessengruppen fast gleichzeitig davon Kenntnis erhalten, dass ungefähr zur gleichen Zeit, als die Reliquien nach Gerolzhofen geschafft wurden, durch den damaligen Sekretär des Bischofs Ehrenfried ein Transport von Messwein in das Dorf Gramschatz bei Rimpar durchgeführt wurde. Dort hat man den Wein mit zwei Helfern aus Gramschatz vergraben. Bei der Rückfahrt wurden die beiden Boten des Bischofs im Wald von Nazischergen ermordet.

In den Jahren danach geriet die Angelegenheit in Vergessenheit. Dann ereigneten sich in jüngster Zeit in Würzburg und in Gramschatz mehrere merkwürdige Dinge. Ein ehemaliger Messner von Gramschatz verstarb plötzlich. Ein Pater aus Fährbrück verstarb ebenfalls sehr schnell und sollte unter Nutzung eines neuen Bestattungskonzepts, das sich aber erst in der Erprobung befand und noch niemandem bekannt war, zusammen mit dem verstorbenen Stadtrat Freiberger eingeäschert werden. Als ein ehemaliger Kollege, der sich im Friedhof ein paar Euro dazuverdient, die beiden Leichen im selben Sarg entdeckte, verständigte er mich.

Die Angelegenheit wurde offiziell untersucht und man stellte fest, dass Pater Leopold von den Sporen eines Pilzes befallen war, der den Namen *Aspergillus flavus* trägt. Ein Pilz, der bei günstiger Umgebung über viele Jahrhunderte am Leben bleiben kann. Später wurde dieselbe Diagnose bei dem Messner bestätigt.

Es wäre alles im Verborgenen geblieben, wenn nicht jemand, ich vermute, es war der inzwischen verstorbene Messner, 1985, als die Kirchturmkugel von St. Cyriakus in Gramschatz geöffnet wurde, eine entsprechende Botschaft in die Kirchturmspitze eingeschmuggelt hätte. Vermutlich war er in Sorge, dass der vergrabene „Messwein" in Vergessenheit geraten könnte. Als der Kirchturm 2006 renoviert wurde, tauchte auch diese Nachricht auf.

Niemand konnte so recht etwas mit ihr anfangen. Sie wäre wahrscheinlich wieder in Vergessenheit geraten. Auf verschlungenen Wegen erfuhr allerdings die Staatskanzlei von dem Geheimnis und sah darin die Chance, den Ministerpräsidenten und die Bürgermeisterkandidatin bei der Bevölkerung im Rahmen einer pressewirksamen Aktion in ein wahlgünstiges Licht zu stellen.

Dr. Marillenbrand hingegen hatte Sorge wegen des Todes von Pater Leopold, dessen merkwürdige Begleitumstände in die Öffentlichkeit gelangt waren. Schließlich bat er mich, in dieser Angelegenheit diskret zu ermitteln.

Dr. Marillenbrand informierte mich, dass Aufzeichnungen im Nachlass von Bischof Ehrenfried gefunden worden waren. Offenbar eine Art Testament seines ermordeten Sekretärs, in dem dieser über seinen Auftrag, eine Kiste mit Messwein nach Gramschatz zu bringen, schreibt. Mir kam es sofort komisch vor, dass der Bischof wegen Messwein das Leben von Menschen aufs Spiel gesetzt haben sollte. Der Teil des Briefes, der konkrete Angaben zum Inhalt der Kiste und zum Ort des Verstecks enthielt, fehlte jedoch. Schon zu diesem Zeitpunkt kam mir der Verdacht, dass hier jemand manipuliert hat. Eigentlich konnte es nur eine Person sein, die zum Archiv des Ordinariats Zugang hatte. Also jemand aus Ihrem Umfeld. Die Motive sind mir allerdings bis heute nicht klar."

Bischof Mannhof warf Dr. Marillenbrand einen vielsagenden Blick, sagte aber nichts.

„Offenbar hat diese Person die Kiste heimlich geborgen und stattdessen eine Attrappe vergraben."

„... und Sie denken?" Bischof Mannhof legte seine Hand sachte auf den Stoff, der über der Kiste lag.

„Ich bin mir sehr sicher, dass es sich hierbei um die Originaltruhe aus Gramschatz handelt. Wir wissen nicht, wer sie hierhergebracht hat. Aber es kann nur jemand getan haben, der sich hier Zutritt verschaffen kann. Ich vermute, dass die Absichten nicht ganz lauterer Natur sind, um dies vorsichtig zu umschreiben. Denn dem Täter muss bewusst gewesen sein, dass, wenn Sie das Behältnis ungeschützt öffnen ..."

„*Aspergillus flavus*, ich verstehe." Der Bischof wischte sich betroffen über das Gesicht: „Können wir Sie jetzt öffnen?"

Rottmann nickte. Er zog vorsichtig das Tuch von dem Metallbehälter. Nachdem er sich noch einmal vergewissert hatte, dass alle den Mundschutz ordentlich trugen, klappte er die Kistenbeschläge auf und hob den Deckel. Sofort erfüllte ein fauliger Geruch den Raum, der auch durch die Filter des Mundschutzes drang.

Das Innere der Metallkiste war mit schwarzmodrigem Stroh gefüllt. Der Lebensraum für *Aspergillus flavus!* Vorsichtig schob Rottmann das Stroh zur Seite. Sofort kamen mehrere angelaufene Weinflaschen zum Vorschein, die nebeneinander aufgeschichtet lagen. Darunter war eine zweite Lage erkennbar.

Erich Rottmann tastete sich mit den Fingern am inneren Rand der Kiste entlang. Es dauerte einen Augenblick, dann fühlte er einen hölzernen Einsatz. Er griff in zwei Aussparungen, nun konnte er den Doppelboden herausheben.

Die Männer hielten den Atem an. In der unteren Hälfte des Behältnisses befanden sich, gebettet auf Sägespänen, ruhend auf einem mit verblichenem Samt beschlagenen Brett, drei in Segeltuch eingenähte, rundliche, etwa gleich große Pakete.

„… und Sie meinen, dies sind …?“ Bischof Mannhofs Stimme klang heiser.

Dr. Marillenbrand nickte. „… die echten Häupter der Frankenapostel.“

„Das heißt, dass in der Krypta der Neumünsterkirche …“

Rottmann war ein Stück zurückgetreten. „… drei … Double liegen.“ Jetzt war das Unfassbare ausgesprochen.

Ehrfürchtig hob Bischof Mannhof den Einsatz wieder in die Kiste zurück und schloss den Deckel.

„Was nun?“, fragte Dr. Marillenbrand.

Mannhof sah ihn nachdenklich an, dann erklärte er mit fester Stimme: „Lieber Marillenbrand, wir werden die Häupter selbstverständlich mit allem ihnen zustehenden Respekt und mit Würde an den ihnen zugedachten Platz zurückbringen … aber ich denke, wir werden das nicht öffentlich tun. Vielleicht würden es die Menschen nicht verstehen, was meinen Amtsvorgänger bewogen hat, so zu handeln.“

Rottmann meldete sich zu Wort. „Soll ich weitere Ermittlungen anstellen, wer Ihnen diese Kiste hier ins Arbeitszimmer gestellt hat?“

Bischof Mannhof sah den Exkommissar einen Moment nachdenklich an, dann blickte er zu Dr. Marillenbrand.

Schließlich traf er eine Entscheidung. „Das lassen wir, lieber Herr Rottmann. Derjenige, der mir hier Schaden zufügen wollte, muss sich vor einem höheren Richter verantworten."

Erich Rottmann hatte Verständnis für die Haltung des Bischofs. Als er mit Öchsle die Wohnung verließ, atmete er tief durch. Deutlich fühlte er, dass ihn soeben der Hauch der Geschichte berührt hatte.

*

Als Erich Rottmann mit Öchsle am Samstagvormittag pünktlich zum Frühschoppen den *Maulaffenbäck* betrat, wurde er von seinen Stammtischbrüdern und Anni, der Bedienung, begrüßt, als wäre er wochenlang abwesend gewesen.

„Na, Erich, du alter Wallfahrer, warst du oben am Gipfelkreuz oder hast du nur Klosterbier getrunken?", fragte Dr. Horst Ritter und grinste den Exkommissar an.

„Ich habe gehört, dass du nicht über Gramschatz hinausgekommen sein sollst", stichelte Ron Schneider.

„Kann nicht sein", warf Anni trocken ein, die gerade den Schoppen vor Rottmann auf den Tisch stellte, „ihr seht doch, dass er von dem Gewaltmarsch völlig vom Fleisch gefallen ist."

Erich Rottmann packte in aller Ruhe seine Portion Leberkäse aus und legte sie auf den bereitgestellten Teller. „Es würde euch Heiden auch nichts schaden, einmal etwas für euer Seelenheil zu tun", brummte er und schob sich einen ordentlichen Bissen genüsslich in den Mund.

„Jetzt mal Spaß beiseite", versuchte Horst Ritter das Gespräch in ernstere Bahnen zu lenken. „Du hast uns noch nicht gesagt, wieso du diese Strapaze überhaupt auf dich genommen hast. Kann es sein, dass du wieder einem heißen Fall auf der Spur bist?"

Rottmann trank einen Schluck vom Silvaner, dann erwiderte er: „Ihr werdet es nicht glauben, meine Herrn, aber ich war im Auftrag des Bischofs in geheimer Mission unterwegs. Ich kann euch also leider nichts erzählen."

Die *Schoppenfetzer* sahen sich einen Augenblick verdutzt an, dann begannen sie laut zu lachen. Sie hatten schon viele Sprüche von Rottmann gehört, aber diese Ausrede war wirklich der Hammer. Der ehemalige Leiter der Würzburger Mordkommission lächelte geheimnisvoll. Dann reichte er wie üblich seinen letzten Bissen Leberkäse unter den Tisch, wo er von Öchsle schmatzend verzehrt wurde.

*

DIE KRYPTA DER NEUMÜNSTERKIRCHE war überraschenderweise wegen dringender Renovierungsarbeiten gesperrt worden. Es war eine kleine Gruppe Eingeweihter, die in einer Nacht im August in einer kirchlichen Zeremonie, die von Bischof Mannhof und Generalvikar Marillenbrand zelebriert wurde, den Schrein mit den Häuptern der drei Frankenapostel an seinen angestammten Platz zurückbrachte. Erich Rottmann war als einziger Nichtkirchenmann dabei.

*

EINE WOCHE ZUVOR hatte im Würzburger Hauptfriedhof eine Aussegnung besonderer Art stattgefunden. Es handelte sich, wie auf den Papieren stand, um die Schädel dreier unbekannter Kriegsopfer, die bei Grabungsarbeiten in der Stadt gefunden worden waren. Bei der Zeremonie waren keine Besucher anwesend. Niemand kannte die Identität der drei Menschen. Das Verwunderliche an der kleinen Zeremonie war, dass sie von Generalvikar Dr. Marillenbrand persönlich abgehalten wurde.

IN EINER FREITAGNACHT wurde das kleine Dorf im Gramschatzer Wald von einem ungewöhnlich heftigen Gewitter heimgesucht. Um 2.15 Uhr heulte die Sirene am Feuerwehrhaus, weil ein Bürger den Ausbruch eines Feuers in dem verlassenen Anwesen an der Hauptstraße bemerkt hatte. Der Blitz hatte in die Scheune eingeschlagen. Der Feuerwehr gelang es, das Feuer vom Wohnhaus fernzuhalten, die Scheune brannte jedoch ab, und die zusammenbrechende Fassade begrub den Eingang zu dem geschichtsträchtigen Rübenkeller unter sich. *Aspergillus flavus* aber lebte in der dunklen, feuchten Abgeschlossenheit weiter.

*

Erich Rottmann betrachtete sein Abbild mit einem kritischen Blick im dampfbeschlagenen Spiegel. Es war einfach nicht zu leugnen: Bei aller angemessenen Bescheidenheit war er noch immer ein ausgesprochen ansehnliches Exemplar eines gestandenen, wohl proportionierten Mainfranken.

Er stand mit einem Handtuch um den Bauch in seinem Tempel der Reinlichkeit. Der Exkommissar hatte soeben ein langes Bad genommen.

Nun war er dabei, seinen Vollbart auf die richtige Länge zu bringen. Danach würde er sich duftmäßig noch etwas aufpeppen. Er hatte sich hierfür eigens ein maskulines, seinem Typ entsprechendes Duftwässerchen gekauft.

Der Grund für diese außergewöhnliche Investition war (der geschätzte Leser wird es womöglich schon ahnen) Elvira Stark. Sie hatte vor zwei Tagen ihre ehemalige Jugendliebe für diesen Abend zu einer kleinen Einweihungsfeier in ihre neue Wohnung eingeladen.

Ein gepflegtes Abendessen und ein guter Schoppen würden

ihn erwarten, da war er sich sicher. Bei all diesen Annehmlichkeiten musste er jedoch auf der Hut sein, weil er nur zu gut Elviras Neigung kannte, bei sich bietenden Gelegenheiten Sturmangriffe auf seine Junggesellenburg zu reiten. Außerdem war sich Rottmann absolut sicher, dass sich Elvira von ihrem Gast ein paar intime Informationen über die Geschehnisse der letzten Wochen versprach. Er musste ihr davon erzählen, sonst war sie wieder sauer.

Er vermutete richtig. Elvira hatte zwar dank der brodelnden Gerüchteküche des Rathauses läuten hören, dass es bei den Aktivitäten der letzten Tage um die Entdeckung eines ungewöhnlichen Kirchenschatzes in Gramschatz gegangen war, Einzelheiten waren ihr allerdings nicht bekannt. Hinzugekommen war, dass sie wegen ihrer Renovierungsarbeiten und ihres Umzugs nicht dazu gekommen war, Erich so anzuzapfen, wie sie es für gewöhnlich getan hätte. Auch die sonst immer bestens informierte Presse der Mainfrankenmetropole schwieg sich über diese Geschehnisse aus. Christian Schöpf-Kelle hatte nur einen allgemein gehaltenen Bericht über den Besuch des Ministerpräsidenten in Gramschatz gebracht.

Wenn Rottmann ehrlich war, ein bisschen aufgeregt war er schon. „Öchsle, wie seh ich aus?“ Er stand vor dem Spiegel in seinem Schlafzimmer und betrachtete sich kritisch. Selbstverständlich gingen seine modischen Zugeständnisse an die Einladung nicht so weit, dass er auf seine übliche Cordhose, sein kariertes Hemd und die Hosenträger verzichtet hätte. Aber alles frisch aus der Reinigung!

Öchsle saß mit schief gelegtem Kopf neben seinem Herrchen und man konnte wirklich den Eindruck haben, dass er seinen Menschen kritisch musterte. Der ungewohnte Wohlgeruch, der Rottmann wie eine Aura umgab, reizte die feinen Schleimhäute des Rüden. Er musste niesen.

Erich Rottmann fasste dies als Zustimmung auf. Er nickte zufrieden, dann griff er sich die Lodenjoppe vom Haken. Mit geübten Griffen überprüfte er den Tascheninhalt. Pfeife, Tabak, Pfeifenstopfer, Feuerzeug. Er wusste, dass Elvira nichts gegen einen guten Tabakgeruch einzuwenden hatte.

Er wollte schon in Richtung Ausgang gehen, als er sich mit der Hand gegen die Stirn klatschte. „Öchsle, du sagst aber auch gar nichts. Jetzt hätte ich fast die Blumen vergessen!"

Öchsle saß bereits abmarschbereit an der Wohnungstür. Er beobachtete sein Herrchen, der aus dem Spülbecken einen eingewickelten Blumenstrauß holte. Rottmann hatte das Gemüse, wie er es nannte, erst vor einer Stunde besorgt. Schließlich wusste er, was sich gehörte.

„Also, packen wir's an", brummte er. Öchsle erhob sich und tänzelte schwanzwedelnd um ihn herum.

Elvira sah die beiden schon durchs Fenster auf das Haus zukommen. Schnell band sie die Schürze ab, die sie während des Kochens getragen hatte. Auch sie hatte sich herausgeputzt. Die stramme Fränkin wusste durchaus, dass sie sich sehen lassen konnte, und hatte auch keine Probleme, ihre körperlichen Vorzüge zu unterstreichen. Im Hausflur warf sie noch einen kurzen Kontrollblick in den Spiegel. Die Frisur saß, das Kleid ebenso. Sie hatte es erst vor wenigen Tagen in einer Boutique erworben. Umgeben von einem dezenten Duft von *Emotion,* ihrem bevorzugten Parfüm, näherte sie sich der Eingangstür. Sie würde es Erich heute nicht leicht machen. Sie lächelte ihrem Spiegelbild verschmitzt zu.

Als die Klingel anschlug, ließ sie den Finger einen Augenblick über den Türöffner schweben. Sie wollte nicht, dass es so aussah, als habe sie hinter der Tür auf ihn gewartet.

„Hereinspaziert! Herzlich willkommen in meinem neuen Zuhause", begrüßte sie Erich Rottmann und Öchsle.

„Vielen Dank für die Einladung", brachte Rottmann hervor und reichte ihr den Blumenstrauß. Noch im letzten Augenblick war ihm eingefallen, dass er das Papier entfernen musste.

Öchsle kannte derartige Formalitäten nicht. Schwanzwedelnd betrat er die Wohnung und begann sofort, alle Räumlichkeiten zu erkunden.

„Hm, hier riecht es aber gut", unternahm Rottmann den Versuch eines Kompliments.

„*Emotion*", erwiderte Elvira und strahlte. Es war schon erstaunlich, dass Rottmann das bemerkt hatte.

„Aha", der Exkommissar sah seine Gastgeberin verwirrt an. „Ich hätte jetzt eher gedacht, dass es sich um einen Schweinebraten handelt."

Elvira Stark nahm sich zusammen. Erich Rottmann wäre nicht Erich Rottmann gewesen, wenn sich sein Riechvermögen nicht primär auf kulinarische Genüsse konzentriert hätte.

„Sie haben völlig recht, Herr Kommissar", erwiderte sie deshalb lächelnd, „aber komm doch bitte erst mal rein. Eine Führung gefällig?"

Erich Rottmann musste gestehen, dass Elvira aus der Wohnung wirklich etwas gemacht hatte. Ein bisschen schämte er sich jetzt dafür, dass er ihr nicht geholfen hatte. Auf der anderen Seite war er ja in einen schweren Fall verwickelt gewesen.

„… und das ist das Schlafzimmer", vervollständigte Elvira den Rundgang und wies auf das breite Doppelbett. Sie gab sich redlich Mühe, dabei keinerlei Unterton mitschwingen zu lassen.

Rottmann enthielt sich jeglichen Kommentars. Stattdessen begann sein Magen so vernehmlich zu knurren, dass Elvira lachen musste.

„Mein Gott, ich rede hier herum und du bist am Verhungern. Setz dich bitte schon mal an den Esstisch im Wohnzimmer, die Vorspeise kommt sofort. Könntest du schon mal den Wein öffnen?"

Das Abendessen verlief ausgesprochen harmonisch und kalorienreich. Es gab einen hervorragenden Wildschweinbraten, Klöße und Blaukraut. Dazu einen ausgezeichneten Dornfelder Rotwein. Rottmann, der schon lange nicht mehr so gut gegessen hatte, sprach allem mehr als reichlich zu.

Wieder einmal musste er feststellen, dass Elvira eine gefährlich gute Köchin war. Während des Essens erzählte er ihr dann in groben Umrissen die Geschichte von dem in Gramschatz vergrabenen Messwein, ohne natürlich auf die wahren Hintergründe einzugehen.

Nach dem Dessert, einer hervorragenden Weincreme aus einem Frankentröpfchen, lehnte sich Rottmann zurück und ächzte. Er war wirklich satt! Im Stillen dankte er seinem Schöpfer, dass er ein Nutzer stabiler Hosenträger war. Dadurch war er nicht den einengenden Qualen eines Gürtels ausgesetzt, und der Bauch konnte die Stretchbestandteile des Stoffes vollständig ausnutzen.

Während Elvira das Geschirr abtrug, setzte sich Rottmann auf die Couch. Um seiner Leibesmitte ein wenig Spielraum zu verschaffen, legte er sich bequem in die Kissen zurück. Öchsle rollte sich zu seinen Füßen zusammen.

Elviras Stimme kam gedämpft aus der Küche: „… und da dachte ich mir, ich wüsste doch wirklich mal gern, wie so ein Messwein schmeckt. Also habe ich mir über eine Bekannte, die als Pfarrhaushälterin arbeitet, für den heutigen Abend eine Flasche besorgt. Den werden wir jetzt gemütlich trinken. Würdest du sie bitte mal aufmachen …" Sie erschien in der Tür zum Wohnzimmer.

Verdutzt verstummte sie. Erich Rottmann war tief in den Kissen der Couch versunken, hatte seinen Kopf auf die Polster gebettet und gab gleichmäßige, blasende Schnarchgeräusche von sich.

Öchsle sah sie aufmerksam an und zuckte mit der Schwanzspitze. Fast schien es, als wolle er sich für das Verhalten seines Herrchens entschuldigen.

Langsam stellte Elvira Stark die Flasche auf den Tisch. Das mit dem Messwein würde wohl heute nichts mehr werden. Rottmann war ins Reich der Träume entschwunden und so wie es aussah, würde er so schnell nicht wieder erwachen.

Sie holte aus dem Schlafzimmer eine Decke und breitete sie über den schlafenden Kommissar aus. Nicht ohne ihm vorher die Schuhe ausgezogen zu haben.

„Komm, Öchsle", flüsterte sie und klopfte sich leicht auf den Oberschenkel, „ich glaube, heute gehen wir beide mal Gassi. Mit ein bisschen Glück bleibt dein Herrchen vielleicht sogar zum Frühstück."

Öchsle erhob sich und warf seinem Menschen einen prüfenden Blick zu. Dann trippelte er hinter Elvira Stark her. Besondere Umstände erforderten eben besondere Maßnahmen.

*

WOCHEN SPÄTER hatte der Herbst die Bischofsstadt am Main mit ihren Weinbergen in ein pastellfarbenes Gemälde verwandelt.

Die Nacht war dunkel und mondlos. Das Fenster des Krankenzimmers in der Inneren Abteilung des Würzburger Juliusspitals war einen Spaltweit offen. Der Wind fing sich in den Gardinen und blähte sie wie Segel. Die Lichter der Stadt drängten sich durch die Spalten zwischen den Stoffbahnen in den Raum und warfen zuckende Schatten auf die gegenüberliegende Wand.

Der Mann im Krankenbett bemerkte dies nicht. Unruhig wälzte er sich hin und her. Sein Atem ging stoßweise. Seine Stirn glühte im Fieber. Die Zunge klebte ihm am Gaumen.

Plötzlich schreckte er mit einem heiseren Schrei aus seinen Fieberträumen. Mit wirrem Blick starrte er in das dunkle Zimmer. Es dauerte einige Zeit, bis er einigermaßen vernünftig denken konnte. Neben dem Bett sah er die grün leuchtende Kontrollleuchte, die zu einem Infusionsgerät gehörte. Es sorgte dafür, dass ein hoch dosiertes Medikament zuverlässig in seine Blutkreislaufbahn tropfte.

Seine tastenden Hände griffen zu den Taschentüchern auf dem Nachttisch. Er spürte, dass der nächste Anfall kam. Ein würgender Husten erschütterte urplötzlich seinen Körper und raubte ihm die Luft zum Atmen. Mühsam versuchten seine gequälten Lungen, den Körper mit dem lebensnotwendigen Sauerstoff zu versorgen.

Seine zuckenden Hände suchten den Knopf, mit der er die Nachtschwester rufen konnte. Er konnte nicht sehen, dass er ihn im Fieberwahn heruntergerissen hatte. Unerreichbar für ihn lag der Notfallknopf auf dem Boden.

Während seiner letzten Minuten rasten die Bilder seiner Wunschfantasien im Eilzugtempo an seinem geistigen Auge vorüber. Wenig später tat er den letzten verzweifelten Atemzug.

Der Fluch des Messweins hatte sein letztes Opfer getroffen.

***

Was vorher noch so alles geschah

Fünf weitere Kriminalfälle mit Erich Rottmann und seinem Hund Öchsle

Günter Huth
Der Schoppenfetzer und die Silvanerleiche

159 Seiten, Broschur
ISBN 978-3-9808253-2-0

Günter Huth
Der Schoppenfetzer und der Tod des Nachtwächters

167 Seiten, Broschur
ISBN 978-3-9808253-4-4